JN191298

マウント取る人消す魔法

心理コーチ とよかわ 著

KADOKAWA

はじめに

マウント行為はなくならない

「夫は○○商社に勤めているの」

「芸能人の○○と同じ大学出身なんだよね」

「このコスメ、限定品なのよ。

知り合いがね、メーカーの○○に
勤めていてもらったんだ」

「うちの子は○○幼稚舎だから、
ママ友との付き合いも気が抜けなくて」

「こんな業務もこなせないの？
○○さんって大学どこだっけ？」

「もう、やめてくれ〜！」
思わずそう叫びたくなるような、
マウントの嵐です。

目の前にいる人が、
ドヤ顔でこう切り出してきたら
うんざりすること請け合いです。
「へー、そうなんだ。で？　だからなに？」と、
ポーカーフェイスで
冷ややかに返せたらどれほど楽でしょうか。

でも、実際に口に出したら角が立つ。
だから、ぐっと言葉を飲み込むしかない……。
そんなわけで、
あなたのストレスは溜《た》まり放題です。

「マウントはなくならないの？」
そんな悲痛な叫びが聞こえてきそうですが、
残念ながら
この世からマウント行為がなくなることはありません。
なぜなら、マウントは動物的行為であり、
人間に本来備わっている本能によるものだからです。

平たくいえば、
ねたみ、そねみの気持ちから
生まれる類いのものであり、
そこに時代性は関係ありません。

「じゃあ、このまま永遠に
マウントされ続けなければならないの？」と、
絶望しそうになった人もいるでしょう。
いいえ、そんなことはありません。

マウント行為を
この世からなくすことはできませんが、
ひらりとかわして相手を遥《はる》か彼方の空に見やり、
ニヤリと笑う方法は存在します。

あなたの頭のなかから、
「マウント取る人」を
消し去ることはできるのです。

自己紹介が遅れました。
僕は、心理コーチをしている「とよかわ」といいます。
YouTubeで情報発信をしたり、
パーソナルコーチングをしたりしています。

僕自身、ことごとく人生がうまくいかない
文系高卒フリーターだったのですが、
心理学を学ぶことで人生が大逆転し、
いまは24時間365日ハッピーアワー状態で生きています。

なぜ、人生のどん底状態から
万年ハッピーアワー状態に生まれ変われたのか？
そもそも、本のタイトルにある
『マウント取る人　消す魔法』とはなにか？
それらをわかりやすくお伝えするのが本書です。

「心理学？　なんだかうさんくさそうだな」

「コーチング？　普通の人に効くわけないじゃん！」

そう思っている人にこそ、読んでほしい。

まず、プロローグでは、
僕が心理学で人生を変えた流れをお伝えし、
第1章では、「マウント取る人　消す魔法」を
使いこなすために大切な、
人間関係におけるもっとも重要な真実を見ていきます。
第2章では、大嫌いな相手の正体を暴く方法をお伝えします。
第3章では、いよいよ「マウント取る人」を消してしまいましょう。
第4章では、なにごとにも動じない強いメンタルを手に入れる方法を、
第5章では、ラッキー体質に生まれ変わる魔法を伝授します。

本書を読むにあたり、
これだけは
絶対に忘れないでください。

あなたのなかには、
マウントに負けない力が
確実に眠っています。

Contents

第1章 人間関係が楽になる魔法の杖

人の数だけ真実がある

第2章

大嫌いな相手がみるみる正体を現す魔法

「受容」も「拒否」もしなくていい

第3章
マウント取る人消す魔法

「型」を理解しマウンティングを自在に操る

第4章 強メンタルを手に入れる「ひとりごと」の魔法

一瞬で無敵マインドにシフトチェンジ

第5章 史上最高に幸運になれる「セルフ予言」の魔法

思い込みを上書きして幸運体質に生まれ変わる

プロローグ　僕「とよかわ」の人生を変えた心理学

あらためまして、心理コーチの「とよかわ」です。

日頃、心理学や機能脳科学、認知科学の知識をベースにしたコーチング理論を使い、人生をよくする方法をＹｏｕＴｕｂｅで発信したり、個人のクライアントに向けてサービスを提供したりしています。

「コーチング」と聞くと、「専門的過ぎる」「難しそう」と思う人もいるでしょう。確かに、表面的には難しく見えるかもしれません。

しかし実のところ、**コーチングとは「明日からどないしたらええの？」という日々の不安や困りごとを解消してくれるものであり、ひとことでいうと「明日を生き抜くための技術」**です。心理学や機能脳科学、認知科学は、その技術を裏付けるものに過ぎません。

こう聞くと、「おっ！　なんかちょっと役に立ちそうやないか」と思えませんか？

そうなんです。**心理学やコーチングは「大きな夢や野望を抱いたなんか凄い人」だけのものではありません。僕を含む、「ごく一般の人たち」にこそ、大いに役に立つものなのです。**

そもそも、僕がなぜ心理学や機能脳科学、認知科学やコーチングに興味を持ったのかといえば、その理由は単純です。僕の人生が困りごとだらけだったからです。

いまとなってはすっかり笑い話ですが、僕の人生はびっくりするくらいうまくいかないことの連続でした。あまりに生きていることがつらくて、そこから抜け出そうとすがる思いで学んだのが、心理学や機能脳科学、認知科学やコーチングだったのです。

いったいなにが、そんなにつらかったのか？

ここから少しだけ、僕の人生の話をさせてくださいね。

とよかわが生まれたのは、大阪市の西成区《にしなりく》です。西成といえば、貧しい労働者の多い街といわれており、もれなく僕の家庭も貧乏でした。いや、正確にいうと、小学校低学年くらいまではそうでもなかったんです。しかし、バブル崩壊後の余波で一気に貧乏になってしまいました。お金がないから、両親はいつも喧嘩《けんか》ばかり。そのうえ、親族同士の仲も悪く、母と祖母は嫁姑問題《よめしゅうとめもんだい》で荒れに荒れており、3歳上の兄貴はすっかりグレ放題……。お世辞にも僕の家庭環境はいいとはいえませんでした。

そんななか、中学校と高校は進学校に通ったのですが、まわりは医師や政治家の子どもばかりで、僕とは住む世界があまりに違いました。完全にやさぐれた「とよかわ少年」は、家庭環境に恵まれていない自分と同じような仲間とつるみ、取るに足らないちっちゃなワルとして生きていたのでありました。

そこから大学進学や就職で人生を逆転できたらよかったのですが、そうは問屋がおろしません。見事、**とよかわ少年は大学受験に失敗**しました。兄が猛勉強して弁護士の道に進んだことから僕も法学部を受験したのですが、落ち着かない家庭環境のなかではまるで勉強に身が入らず、共通テスト（当時はセンター試験）の結果で足切りされたのでした。

「これはまずい……」と一念発起した浪人生活でも、予備校に通うお金がありません。同じく浪人した同級生たちが予備校に通うのを横目に、僕は地元の図書館へ通い、ひとりで勉強していました。「独学で浪人しても成績が伸びるわけない」と同級生にはバカにされましたが、死ぬ気で勉強して成績を爆上げさせたのでした。

しかし、「今度こそ！」と臨んだ二度目の共通テストでも、僕は自爆します。なんと、まさかのマークミスをするのです。受験科目を選ぶ欄で間違った科目にマークしてしまい、結果はもちろん0点です。

かくして、悲運のとよかわ少年は2浪目に突入。しかし、今回も予備校には通えません。家にはますますお金がなくなっていたため、勉強代を稼ぐためにファミレスでのアルバイトも追加です。しかし僕はあまりに接客が下手で、あっという間にクビになってしまいました。そんなこんなで心も体もどんどん病んでいき、勉強がはかどらぬまま迎えた三度目の受験。僕は案の定、第一志望の大学には合格できず、滑り止めで受けた私立の大学に進学することになったのでした。

ただ、合格した大学の受験者4万人のうち、なんと僕の成績は1位でした。おかげで授業代が全額免除の特待生扱いで入学することに。滑り止めとはいえ法学部でしたし、心機一転、ここで頑張れたらよかったのですが、またもやそうは問屋がおろしません。

なんと、とよかわ少年は痔《じ》になってしまったのです！

痔ってね、座るとめちゃくちゃ痛いんですわ。でも、大学生は勉強が本分ですから、座って講義を受けなければなりません。もうお尻がね……本当に耐えられないくらい痛いんですよ。しかも、これまでの苦労ですでにお尻以外のあちこちもボロボロでしたから、まったく講義に集中できず、「こりゃアカンな」と、とよかわ少年は白旗をあげました。昼食の学食代400円を捻出することすら厳しかったことも、入学から半年で退学届を出すに至った理由のひとつでした。痔と貧しさで、退学です。

しかし、僕は廃人になったわけではありません。家庭環境に恵まれずに育ち、大学を中退してアップルを創業したスティーブ・ジョブズ氏に憧れていたこともあり、彼に自分の人生を重ね、自らを奮い立たせました。

彼のように自分で身を立てることを決意し、「しんどいけど稼げる」と評判のIT通信企業でアルバイトをすることにしました。

ここから僕の、**「仕事苦労人生」**が幕を開けます。

さて、とよかわはいったいどんな仕事をしていたのでしょうか？

・IT通信業界で電話セールスや中間管理職　↓　約5年
・デジタルマーケティング企業で広告運用やカスタマーサクセスサポート　↓　約4年
・IoT系の企業でCOO職　↓　約3年

・サービス系の企業で事業開発やＤＸ推進、人材育成　↓　約2年

以上が、心理コーチになる前に僕が携わっていた仕事です。

どうですか？　少しはまともに見えますか？　横文字やアルファベットも多くてなんかかっこいいですよね？　ただ実際のところは、**ボロ雑巾のように働いていました**。もちろん、僕が勝手にモーレツ労働していたのであって、強制されたわけではありませんからね。

しかし、どの会社でも（原因はさておき）、パワハラにあったり、マウントされたり、いじめられたり、嫌われたり、喧嘩したり、取引先に支払いをばっくれられたりと、トラブルは尽きませんでした。人に裏切られたり、信じられなくなったりもしました。


そんなメンタル不安定青年のとよかわが、どのようにして心理学やコーチングと出会ったのか？　それは２０１５年、デジタルマーケティング業界にいたときでした。

当時勤めていた会社が海外に事業進出することになり、偵察のためにアメリカのシリコンバレーへ出張することに。ベンチャー企業が集まるコワーキングスペース的な場所で、スタッフの人が**「面白い本がありますよ」と教えてくれたのが、トラウマ解消に関する本**

だったのです。

「えっ！　トラウマって解消できるんや？　どうやって？」と興味を持ち、さっそくその本を読んでみたわけですが、残念ながらさっぱり理解できませんでした。僕、常々思っているのですが、**心理学系の本って、普通の人には難し過ぎる**んですよ。そしてそのまま、とよかわはその本を放置したのでした。

しかし、その後も相次ぐ人間関係のトラブルと自身のメンタルの乱高下に振り回され、しまいには交通事故に巻き込まれて首の骨を痛めてしまいました。

医者から、「入院しなさい」といわれたにもかかわらず仕事を休むことができず、まさに文字通り身も心もボロボロ状態で働きながら、「なんでこんなことになるんやろか？」と、とよかわ青年はむせび泣きました。そして、「そういえば、トラウマ解消の本あったな」と思い出し、例の本を引っ張り出して再び読みはじめたのです。

当時の僕は、**うまくいかない自分の人生とボロ雑巾のごとき心身をどうにかしたい一心**です。なんとか最初の本を読破し、そこから心理学、機能脳科学、認知科学、コーチングなどの本を本気で読み漁り、講座にも通って教えを乞うようになったのでした。

このように、最初は「自分のため」に学んでいたわけですが、**最後に勤めた会社で人材育成や研修を行う立場になったのをきっかけに、「誰かのため」に知識と技術を活かすことに目覚めていきます。**

この頃には、働いて稼いだお金の多くを講座の受講や勉強に費やしていました。その額、**合計して3000万円以上**です。

僕が学んだのは、アメリカ心理学会会長陣（マーティン・セリグマン氏、アルバート・バンデューラ氏）の理論、『夜と霧』（みすず書房）の著者であるヴィクトール・E・フランクル氏の理論、自己啓発の世界的権威であるルー・タイスのコーチング理論、認知科学者の苫米地《とまべち》英人《ひでと》氏が体系化したコーチング理論といったものだけでなく、軍事利用されていた洗脳技術、医療現場で使われている心理療法、NLP・神経言語プログラミングの上流にある催眠技術、室町時代から継がれる古武術の身体操作技術、古代中国から伝わる秘伝気功の技術、チベット僧の身体操作技術、シリコンバレーTOP企業基準での情報管理など、多岐に渡ります。

そして、企業の社員のままでは実現し切れないことがあると実感し、**「クライアントの**

成功に真に寄り添う最強のパーソナルコーチ」として独立を決意。

そこで目指したのは、僕自身が「こんなコーチがいたらいいのに」と思える存在です。NASAのエンジニアが業務改革について熱弁をふるってくれても、おそらく僕たちはほとんど理解できません。アーノルド・シュワルツェネッガーが筋トレのやり方を教えてくれても、ついていけないでしょう。**高度な専門知識や技術を僕たちが理解するには、日々の暮らしに合わせて翻訳、カスタマイズしてくれる人が必要**なのです。

僕が目指していたのは、難しい専門知識をわかりやすく、面白おかしく教えてくれる人。「人生どん底」の人の気持ちをわかってくれる人。僕自身がお金では苦労してきたので、有料サービスだけでなく、無料でも情報提供している人。そんな存在になろうと、一念発起したのでした。

そんなこんなで、『嫌いな人 消す魔法』『マウント取る人 消す魔法』というタイトルでYouTubeに動画を公開したところ、とても大きな反響があり、パーソナルコーチング（こちらは有料です）の依頼がたくさん舞い込み、結果的に本書の出版にもつながったという流れです。

気づけば、長年苦しんでいた心身の不調はどこへいったのやら？

僕はいま、たくさんの人の人生を好転させるお手伝いができて、心から幸せでやりがいのある毎日を送っています。

毎日お祭り状態！　万年ハッピーアワー人生がここに爆誕したのです。

以前の僕は、目隠ししたまま「自分」という車を運転し、「人生」という道を迷走しているようなものでした。でもいまは、目をひん剝き、視力8・0くらいの見通しのよさで、悠々と楽しくドライブしています。

人生が充実したぶん大変なことも増えましたが、以前のようにストレスに翻弄されることはありません。なぜなら、自分がやるべきことがしっかり見えているからです。

それは僕だけでなく、僕からコーチングを学んだ生徒さんたちも一緒です。「自分がなにをしたいのか」すらわからない状態から、**なにをやるべきで、なんのために生きるのかがしっかりわかるようになり、みなさんハッピーに生きています。**

それこそが、本書でお伝えする心理学とコーチングの〝魔法〟です。

わかりやすく、面白おかしく話すので、みなさん安心してついてきてくださいね。

ほんなら、さっさとはじめましょか。

ブックデザイン	阿部早紀子
イラスト	沼田光太郎
写真	石塚雅人
編集	岩川 悟
編集協力	村上杏菜、洗川俊一

第1章

人間関係が楽になる魔法の杖《つえ》

人の数だけ真実がある

人はなぜ人間関係に悩むのか

日々、心理コーチとしていろいろな人の話を聞きますが、マウントに限らず、人間関係に悩んでいる人は本当にたくさんいます。ベストセラー『嫌われる勇気 自己啓発の源流「アドラー」の教え』(ダイヤモンド社)で一躍有名になったオーストリアの心理学者であるアルフレッド・アドラー氏も、「人の悩みの9割は対人関係によるもの」といっています。とよかわの体感としても、それは真実だと思います。

なぜ人は、そんなにも人間関係に悩むのでしょうか?

結論からいいますね。

人間関係に悩むのは、「同じ価値観じゃないといけない」と思い込んでいるからです。

「24時間365日、まわりと同じ価値観でいなきゃいけない」と思い込むのが、人間関係がうまくいかなくなるすべての元凶です。

「同じ価値観でいなきゃいけないと思い込むことと人間関係、そこにどんな関係があるの?」と思った人もいるでしょう。

順を追って説明していきますね。

世の中には、野球が好きな人もいれば、サッカーが好きな人もいます。バリバリ働くのが好きな人もいれば、マイペースにのんびり働きたい人もいます。

そのようにして、いろいろな人がいてあたりまえなのに、なぜかみんな「上司が〇〇というから」「ルールで〇〇と決まっているから」「社会一般で〇〇といわれているから」などの理由で、**「自分も〇〇じゃないといけない」と思い込みがち**です。なぜそんなふうに思い込んでしまうのかというと、みんな「真面目」だからです。

多くの人は、職場で長い時間を過ごしています。そのせいで、「社会人としての自分」「〇〇社の社員としての自分」「上司としての自分」「部下としての自分」など、仕事上の立場や役割としての価値観に染まり切ってしまうのです。そんなの、誰が決めたのでしょうね？

また、「空気を読む」「同調圧力」「共感」などの文化も影響しています。「母親は〇〇、父親は△△じゃないといけない」「男は〇〇、女は△△であるべき」などの暗黙の常識の強制によって、無意識のうちに「〇〇であるべき」「みんな一緒じゃないといけない」と思い込んでいるのです。

このように、**「同じ価値観じゃないといけない」「みんな一緒じゃないといけない」と思い込んでしまうと、自分の本当の気持ちや価値観を無視することになります。**要は、まわりに合わせてばかりになるということ。そう、「自分」を後回しにしちゃうんですね。

そうなると、もの凄くストレスが溜まります。**自分自身ではない「なにか」や「誰か」のために生きるのは誰でもつらい**ものです。すると、「なんのために生きているのかわからない」という心境になっていきます。

このような精神状態でいると、まわりとの関係はどうなると思いますか？

「余裕がなく、機嫌が悪い」状態ですから、人に優しくできるような心境ではいられません。つまり、人とのコミュニケーションがうまくいかなくなるのです。相手のちょっとしたひとことにすぐイラッとしたり、誰かの振る舞いがいちいち気に障ったりします。

誰かとのあいだにちょっとしたトラブルが起きたときも、些細《ささい》な行き違いとして笑って済ませることは難しく、売り言葉に買い言葉を返すなどして大揉《おおも》めするところまでエスカレートすることだってあるでしょう。実際、とよかわが会社で働いていた頃に周囲の人たちとのあいだでトラブル続きだったのは、そんな理由だったといまではよく理解できます。

このような状態だから、人間関係、ひいては人生がうまくいくわけがないのです。**自分がどういう状態でコミュニケーションを取るかで、人間関係は大きく変わってくる**のです。

「でも、いつも自分の価値観を優先させていたら社会でやっていけへんやん」

そう思った人もいますよね。

そうですね、確かにその通りです。でも、ここで重要なのは「いつも」である必要はないということです。

実はですね、**価値観というのはコロコロ変えていいもの**なのです。会社にいるときは「会社員としての自分」、家に帰ったら「親・夫・妻・子としての自分」、遊ぶときは「プライベートの自分」など、**場所やタイミングに応じてなにを優先するか、なにを大事にするかの価値観をコロコロ変えて構わない**のです。

「いつも同じ考えでいるべき」「一貫していることは美徳」という雰囲気が世の中にあることはとよかわも知っていますが、そんなのは無視して大丈夫。ひとりの人間のなかにもいろいろな立場や役割や顔があります。そうであるにもかかわらず、ずっと一貫していなくちゃいけないなんて、それはちょっと無茶な要求ですよね？

場所やタイミングに応じて求められることは変わるのですから、その時々に応じてコロコロ変わってしまえばいい。

「朝令暮改」、大歓迎です。

とよかわの生徒さんで、「未来の家族の幸せを考えると、収入を増やすために副業を頑張りたいのに、夫とも喧嘩ばかりで、大事な子どもにも時間を使えていない」と悩んでいる30代の女性がいました。彼女は仕事ができて忙しくしており、まったく余裕のない状況に陥っていました。「どうしていいかわからない……」と話す彼女に対して、「お母さんとしての自分、妻としての自分、起業家としての自分、会社員としての自分という4つの顔があれば、それぞれの立場がぶつかるのは当然ですよ」と伝えました。

会社員としての激務があるうえで、母親や妻として家族との時間も確保しようとすれば、起業家としての時間が物理的に制限されるのは当然のことです。

これは、**目標同士がぶつかり合う「ゴールコンフリクト」**の状態です。

「コンフリクト」とは、「衝突」という意味と考えてください。この女性は、自分のなかの4つの顔が衝突している状況だったわけです。

とはいえ、衝突してでもやりたいことがあるのはいいことでもあります。だってその女性には、素晴らしい向上心があるのですからね。

そこでカウンセリングを繰り返していくと、「仕事が忙し過ぎて家族に時間を使えないから、家でできる仕事にシフトしていきたい」というものが副業をはじめた理由だったとわかり、とよかわは、「その理由をていねいにパートナーに話して、できることを手伝ってもらったらどうでしょう？　だって、家族の未来を考えての行動なのですから、パートナーの方もきっと理解してくれるのでは？」とアドバイスしました。

すると1カ月後には、「夫が家事を手伝ってくれるようになった！」と、すっかり夫婦仲が改善し、副業を頑張る時間も捻出できるようになったと話してくれました。

パートナーの方からしてみれば、以前は「仕事から疲れて帰ってきても、妻は家事も子育てもろくにせず部屋に引きこもってパソコンをいじっている」という認識だったのですが、事情がちゃんとわかったことで協力体制ができ、和解できたのです。

このように、ひとりの人間のなかにはいくつもの顔や立場が存在します。

自分がやりたいことを後回しにせざるを得ない状況に置かれると、人はストレスが溜まります。人は、自分で「選びたい」生き物なのです。

優先順位の高低はありつつも、理想は、どの自分も満たせる選択肢を取ることです。社会的な立場を優先して本当の自分ややりたいことを後回しにすると、人はご機嫌でいるのが難しくなります。複数の顔のうち、**状況に応じて優先順位をコロコロ変えつつ、うまくやりくりするのがご機嫌でいるコツ**なのです。

そんな話をすると、「二兎《にと》を追うものは一兎をも得ず」のことわざが頭に浮かんできそうですよね？　でも、大丈夫です。

令和の時代にうさぎを捕まえる必要はありません。うさぎを捕まえなくても、他に食べ物はいくらでもあります。生存のための狩りではなく、「よりよい人生」を追い求める試行錯誤が求められているのです。

ですから、二兎でも三兎でも、安心して追いかけちゃってくださいね！

みんな、もっと欲張りになっていいんですよ。

スポットライトの数だけ真実がある

また、人間関係でトラブルが起きたり、悩んだりする原因には、もうひとつ大きな理由があります。

それは、**個人の価値観や優先順位の違いによって「見えている現実がそれぞれに違う」**ことです。真実がそれぞれに違ったら、話が嚙《か》み合わなかったり、揉めたりするのはあたりまえだと思いませんか？

「ちょっと待って。『真実がそれぞれに違う』って、どういうこと？」と思った人がほとんどですよね。

詳しくお話ししていきますね。

あなたが駅から徒歩10分の家に住んでいて、乗る予定の電車があと7分後に出発するとしましょう。おそらく、かなり焦って出かける支度をしているはずです。

ところがスマートフォンが見つからない。机の上にも洗面台にもベッドの上にもない。目をひん剝いて探しても、どこにもない。

「ヤバいでこれ、こんままやったらアクション俳優ばりに線路を走って電車に飛び乗らなアカンやん」と焦るあなたに家族が指摘します。

「そこにスマホ、あるやん」

目をやると、すぐそばにスマホが。

「え？　なんで？」

似たような経験をしたことのある人もいるかもしれませんね。サングラスやメガネを探していたら、すでにかけている状態だった。鍵がないと思ったら、手に握りしめていた。スマホがないと思ったら、ストラップで首にぶら下げていた。何度も探したはずの場所から、なくしたはずの物が出てきた。

なぜ、このようなことが起こるのか？

それは、**人の脳には「意識している対象にスポットライトをあてる仕組み」がある**からです。先の例でいうと、乗る予定の電車や時間に意識が集中していて、目の前のものに対する臨場感が薄くなっているのです。臨場感とは、「まさにその場にいるような感覚」のことです。要は、その場にいても他に気を取られていると、目の前のものを認識できなくなるのです。

「認識できていないとはいっても、目の前にあるものは実際になくなるわけじゃないんだから、見えるでしょ」とつっこみたくなる人もいますよね？

そう思いますよね。とよかわも、むかしはそう思っていました。

でも、違うんです。本当に見えなくなるのです。それが脳の仕組みなのです。

というのも、脳は視覚を含む五感からたくさんの情報を取り込んでいます。しかし、そのすべてを「認識」しているわけではありません。脳は優先すべきものを自動的に選んでいます。この選別の仕組みを「網様体賦活系（RAS）」といいます。

なんだか難しい用語が出てきましたね。でも、覚えなくて大丈夫ですよ。「その人にとって優先順位が高いものにスポットライトをあてる仕組み」と理解してもらえればOKです。

再び先ほどの例でいうと、乗る予定の電車や時間に対してスポットライトが向いていて、目の前の現実に対する臨場感が、カルピスの原液を水で薄め過ぎた液体みたいになっているのです。

「このカルピス、ほぼ味せえへんやん」状態なわけです。

しかし、「そこにスマホ、あるやん」と指摘してくれた家族の脳内では目の前のスマホにスポットライトが向いていて、目の前の現実はカルピスが濃い状態です。

つまり、あなたと家族は同じ場所にいるにもかかわらず、見えている現実が違うのです。「スマホが見えている家族」と、「スマホがないと探し回っているあなた」。

同じ現実を共有しているのに「真実」がまったく違うとは、こういうことなのです。

このような脳の仕組みを踏まえると、実のところ、**「誰もが共有できる絶対的な真実」など、あってないようなもの**だとわかります。

世界中の偉人はそれに気づいていて、仏教の開祖である釈迦《しゃか》は「空《くう》」と表現しました。「固有、不変の本質などない」という意味です。古代ギリシャの哲学者であるヘラクレイトスは「パンタレイ」＝「万物は流転する」と提唱しました。「すべてのものは常に変化している」というわけです。

彼らが示唆したことは、すでに科学的に説明済みです。例えば、ビーカーに100度のお湯が入っているとしましょう。その温度を計測するために温度計をお湯に入れたら、温度計の冷たさのぶん、お湯の温度がわずかに下がってしまいますよね。つまり、変化する前のお湯の温度を確かめることは不可能なのです。これを、**「ハイゼンベルクの不確定性原理」**といいます。

少しおしゃれな言い方をすると、目の前の現実はルービックキューブのようなものなんです。1マスでも動かせば全体が変わってしまいます。「風が吹けば桶屋《おけや》が儲《もう》かる」とことわざにもあるように、**一見、なにもかかわり合いのないように見えることでも、なにかが起きると巡り巡って全体に影響が及ぶ**のです。

つまり、**ものごとは絶えず変化しており、人によって見え方さえも違う。「絶対の真実」など、実のところどこにもないのです。真実は、人の数だけ、つまりスポットライトの数だけ存在する**のです。

「でも、ほら、あの名探偵がいつもいってるやん。『真実はいつもひとつ』って……」と反論したくなる人もいますよね。

そうなんです。あの名探偵が実に厄介なんです。彼のせいで、みんなが「真実はいつもひとつ」と思い込んでいるから、揉めごとが絶えないのです。

「あのとき、あんた、○○っていってたやん」「そんなこといってへん」「あのときのあんたは△△やった」「いや、あんたこそ□□やったやんか」

このような言い合いはよく起こりますよね。

その原因は、単なる価値観の違いにとどまらず、「真実は人の数だけある」「スポットライトも人の数だけある」ことによるのです。

先に登場した釈迦が、このことについて修行者にわかりやすく説明した小話があります。目の見えない人たちにゾウを触らせ、「ゾウとはどのような生き物か」を尋《たず》ねたところ、ある人はゾウの足を触って「大蛇のようだ」といい、ある人はゾウの尻尾を触って「細い縄みたいなものだ」といい、またある人はゾウの尻を触って「臼のような生き物だ」といったといいます。

そして、それぞれが「自分の答えこそ正しい」と主張し、言い争いをはじめたそうなんです。

目でゾウの全体像を確かめられない人にとっては、それぞれが触って確かめた答えこそが、彼ら彼女ら一人ひとりにとっての確かな「真実」なのです。

まさに「真実は人の数だけある」のわかりやすい例であり、そして、その**認識の違いに**

よって人間同士で行き違いや争いが生まれることが表現されていますよね。

あなたの頭のなかにいる警備員

それにしても、なぜこのように不思議な脳の仕組みがあるのでしょう？

「人によって見えている現実が違うなんて、そんなに簡単に信じられない」と思った人も、スポットライトの仕組みが人間に備わっている理由を知れば、腑《ふ》に落ちるかもしれません。少し詳しく説明しますね。

むかし人間が狩りをして暮らしていた時代には、命をかけて食べ物を手に入れる必要がありました。コンビニやスーパーなんて存在しませんから、丸々太ったおいしそうなうさぎを見つけたら、その日の食事をかけて本気で追いかけ回すわけです。

しかし、ウサちゃんはすばしこい。茂みを俊敏に逃げ回る獲物を追いかけ回す最中に、人間が小石を踏んづけてしまうこともあるでしょう。

ところが「あっ、痛い！」とか、鋭い葉っぱで肌が傷つけられるたびに「あっ、絆創膏《ばんそうこう》ないわぁ、どないしよ」なんていちいち反応していたら、一生うさぎを捕まえられずに餓死するはめになります。

そこで、脳が「うさぎを捕まえる」という最優先事項にスポットライトをあて、他の情報が意識にのぼらないようにしてくれるのです。脳って凄いですよね！

森のなかで熊に襲われたときも同様です。逃げるときにいちいち、「今日はひときわ小鳥のさえずりが心に響きますなぁ」「太陽が神々しく輝いていますねぇ」なんて意識していたら、一瞬で熊にやられてしまいますよね。

つまり、この**スポットライトの仕組みは生命維持——生き延びるために必要な脳の機能**だったのです。優先順位が高いものに対してはカルピスの濃度を濃くし、低いものに対しては薄くする。そうやって**五感から入る刺激に濃淡を付け、意識するものに優先順位を付けることで人は生命を維持してきた**のです。

例えば現代でも、疲れ切った状態であなたが電車に乗ったときを考えてみましょう。イヤホンで音楽を聴きながら居眠りをぶっこいてしまいますが、「○○駅〜、○○駅〜、お降りのお客様は……」とアナウンスされた瞬間、ハッと気づきます。「危ない、危ない。乗り過ごすとこやったわ～」と内心ひやひやしながら電車を降りて行く。

実はこれも、脳のスポットライトの仕組みのおかげです。電車のなかでは他にもいろいろな音が聴こえていたはずです。イヤホンから聴こえる音楽、乗客の話し声、電車の走行音。しかし、それらのいろいろな音よりも、降りる予定の駅名のアナウンスを脳が「大事」「優先」と判断したからこそ、乗り過ごさずに済んだのです。

その他にも、睡眠不足で疲れ切ったお母さんが、「ふええん」という赤ちゃんのか細い泣き声に反応して飛び起きるのも、「赤ちゃんの命を守る」ことを脳が最優先と判断しているからです。

「これは大事な情報だから意識にのぼらせよう」「これはどうでもいい情報だから気がつかないようにしよう」と情報を選り分けてくれるさまは、さながら脳に住んでいる警備員のようです。

むかしは、命を守るためにこの警備員が「必要」「不要」を判断して情報を脳に取り込んでくれていましたが、現代ではその使われ方が少し変わってきています。

なぜなら、日常で生命の危機に瀕《ひん》することは現代では滅多にありませんよね？　そこで、主に**生活の「質」を高めることを目的に機能している**のです。

例を挙げると、友だち同士で食事に行ったときにお店の感想で意見が分かれることがあると思います。ある人にとっては「いいお店」であったにもかかわらず、他の人が「いまいちだった」「もう行きたくない」と思うことがあるのは、そのお店のどこに対してスポットライトが向いているかが異なるからです。

「せっかく外食するなら少しくらい高くても美味しいものがいい」と考えている人なら、メニューや味に意識が向くでしょう。

「たくさん食べたいから安いお店がいい」と考えている人なら、料理の量や値段に意識が向くでしょう。

「ゆっくり過ごしたい」と考えている人なら、お店の照明や雰囲気、席と席の間隔などに意識が向きそうです。

つまり、**「人生の質を高めるためになにを優先するか」がそれぞれに違うために、感想や意見が分かれる**のです。

生命維持より「人生の質」が重視されることになった現代。人間の価値観はむかしに比べて圧倒的に多様化し、趣味嗜好《しゅみしこう》も人によって見事にバラバラです。**現代人のスポットライトの向きは、まさに千差万別**なのです。

人間関係はアンコントローラブル

スポットライトの向きが千差万別になったことで、人間関係やコミュニケーションの難易度は高くなったといえます。

生命維持が最大の命題であり、選択肢がそれほど多くなかった時代は、話が通じるのも現代よりは早かったことでしょう。しかし現代は、人の数だけスポットライトがあります。**見えているものがそもそも違えば、コミュニケーションで行き違いや誤解が生まれたり、意見が対立して揉めたりするのは自然**なことです。

それにもかかわらず、多くの人は「みんな一緒じゃないといけない」＝「みんな一緒であるはず」と思い込んでいます。……そりゃあ、揉めますわな。

とよかわが会社勤めをしていたときも、スポットライトの向きの違いによって苦労した経験がたくさんあります。

よく覚えているのは、とあるプロジェクトのチームメンバーだった同僚のことです。その人はとても爽やかな人で、会議が終わったあと、「じゃあ、この方向で仕事を進めていきましょう！」と伝えると、「はい！　任せてください！」とハイタッチするくらい爽やかなのに、次の日に提出してくる成果物は会議で打ち合わせた内容とまったく違っているのです。

伝わっていないのかと思い何度もていねいに説明しましたが、改善の様子は見られません。「議事録に書いてある通りにやってくださいね」と伝えつつ、相手の言い分をしっかり聞いてみても、「議事録の通りにやっていますよ」というのです。

「どういうことなのかさっぱりわからへん。もしや……宇宙人？」と混乱したとよかわでしたが、前述の釈迦の小話を思い出し、「人の数だけ真実があるとはこういうことか……」と痛感したのでした（結局、その人と一緒にプロジェクトを進めることは難しく、最終的にはプロジェクトから抜けてもらうかたちで落ち着きました）。

あなたひとりで進められる作業や趣味の世界なら、揉めごとが起こる余地はありません。

しかし、**人間関係はひとりではつくれません。**登場人物は必ず複数いるのです。しかも、他人のスポットライトをあなたが操作することはできないので、他人の言動をあなたがコントロールすることはできません。

つまり、**人間関係とは、あなたがコントロールできないアンコントローラブルなものごとだらけ**なのです。

意見が合わなくて当然、行き違って当然、揉めて当然なのです。

コミュニケーションを「メリット」で考える

ここまで理解したところで、次のような疑問が湧いてくるかもしれません。

「じゃあ、どうやってコミュニケーションを取ったらええの？」

いい質問ですね。見えている現実が違うという大前提をもとに、人と人はどうやってコミュニケーションを取ればいいのか？

ポイントは、コミュニケーションを「メリット」の観点で見ることです。とよかわは、**「コミュニケーションとはお互いのメリットを満たし合うこと」**と考えています。

メリットというとドライな印象がありますが、要はお互いの「夢」「目標」「利益」「ニーズ」のことです。あなたと相手がかかわり合ううえで、お互いのメリットを満たし合う。それが、とよかわの考える「コミュニケーション」です。

仕事上の人間関係のゴールは、例えば「お互いの会社あるいは組織に営業利益をもたらす」ことや「スムーズに業務を進める」ことなどでしょう。

友人関係であれば、「楽しい」「いい時間を過ごせる」「情報交換ができる」などがメリットになりそうです。夫婦関係なら、「理想の家庭を築く」「協力して子育てをする」「この人と結婚してよかったと感じる」などでしょうか。

つまり、**どのような人間関係にも、お互いになんらかの目的や希望がある**わけです。それは物理的なものに限らず、「癒やし」や「自分の価値の実感」といった精神的な充足感も含まれます。ですから、育児や介護といった奉仕に近い関係の場合にも「メリット」は存在します。

そして、その**お互いのメリットを満たし合えたとき、その関係において生まれるのが「信頼」**です。いい取引先になれたり、親友になれたり、おしどり夫婦になれたりするのです。

また、その際に**大事になってくるのは「個別化」の発想**です。

相手のメリットを満たすには、その人独自の優先順位や価値観を正確に把握することが欠かせません。「30代男性」「50代女性」などとひとくくりに考えるのではなく、「この人はなにを大事にしているんやろ？」「この人の優先順位はどんなものやろ？」と、**目の前の相手をていねいに観察し、想像することが重要**です。

なお、そのように相手のメリットを満たすことで、相手からは「フィーリングが合う」と感じてもらえます。

フィーリングというと感覚的で先天的なもののようにも思いがちですが、要は「自分のことをよくわかってくれている、話が合う」と感じる相手に抱く感覚のことだと言い換えられます。

つまり、意図的に「フィーリングが合う」状況をつくることはできるのです。

お互いに相手の「メリット」を真剣に考え、提供し合う。

この繰り返しの先にあるものが良好な人間関係です。

空気を読む目的

一方で、相手のメリットのことを考えてばかりだと、自分のことを後回しにしてしまうことにもなりかねません。

これが俗にいう、「空気を読んでばかりで疲れてしまう」状態です。

とよかわは、**空気は積極的に読むべき**だと考えています。むしろ、**読まないともったいない**ないと思っています。

ただし、**ここで大事なのは「空気を読んだあとになにをするか」**です。

その場や相手の空気を読んで従うだけなら、それは「支配されている」のと一緒です。

そんな人間関係や人生、嫌ですよね。**空気は、あなた自身の利益（メリット）のために読むべき**なのです。

だから、「なんのために空気を読むのか」を考えることはとても重要なプロセスです。

相手はなにを大事にしているのか？　この場になにが必要なのか？　それらを考える（＝空気を読む）目的は、いい人間関係や環境をつくるためのはずです。そのために、あなたはなにをするのか？　どう振る舞うか？

空気を読むのなら、それらをしっかりジャッジすることは必須です。

相手の目的やメリットを考えるだけでなく、あなたにとっての目的とメリットも考える。それらをすり合わせた結果、「ここで上司を怒らせると仕事がやりにくいから、今回はおとなしくいうことを聞いておこう」と思うかもしれませんし、「いつも自分が黙ってばかりのこの関係性、そろそろ終わりにしたい。今回はいうべきことをいおう」と思うかもしれません。

いずれにしろ、空気を読んだうえで自分の利益を考えた末の行動であれば、どのような選択肢を取ったとしてもストレスはそこまで溜まらないでしょう。なぜなら、「自分で選んでいる」状態だからです。

このように、**アンコントローラブルな状況のなかでも「自分で選ぶ」要素を入れることがストレスを溜めないためのポイントです。「選択肢を持つ」ことは人間の精神衛生上、とても大切なこと**なのです。

家族といえども別の人間だ

人間関係といえば、家族に関するお悩み相談も少なくありません。

人間関係におけるアンコントローラブル具合は、たとえ肉親であっても変わりません。

血のつながった家族や長年一緒にいる相手であっても、**自分と違う人間である限りはそれぞれに優先順位があり、見えている世界があります**。この事実を忘れてしまい、「家族なんだからわかってくれるやろ、理解してくれるやろ」と考えてしまうと、苦しむことが増えますし、いい関係を構築できません。

とよかわの生徒さんで、お子さんふたりを育てているシングルマザーの女性がいらっしゃいました。彼女は子どもの頃、自分の部屋を持たせてもらえず、勉強に集中できなかった苦い思い出があったそうです。そこで、「息子にはいい環境をつくってあげたい」と仕事を頑張り、部屋を用意してあげていました。

しかし、肝心の息子さん（20歳）との折り合いは悪く、「息子のためにわたしはこんなに頑張っているのに、わかってくれない」と悩んでいたのです。

この女性に限らず、お子さんとの関係に悩む人にいつも伝えていることがあります。それは、**「親子同級生」**という考え方です。

「親と子」の関係性において、多くの人は親の立場が上だと思いがちです。もちろん、年齢の面で人生の先輩であることは否定しません。しかし実のところ、**子どもが生まれたからこそ親になる**のであり、子どもが1歳になればその親は「親として1歳」になり、子どもが10歳になれば親は「親として10歳」になる。つまり、**親と子はその関係性においては同い年**なのです。

そう考えると、同い年である相手と自分にそれぞれ欠点や弱点があるのはあたりまえのことであって、どちらかが絶対的に正しいとか、どちらかのいうことを片方が絶対的に受け入れなければならないなんてことはあり得ません。

あくまで、**対等なひとりの人間同士として向き合う必要がある**のです。

「親子としてのゴールをどう考えていますか?」と、くだんのシングルマザーの女性に尋ねたところ、「のびのびと楽しい学生時代を過ごしてほしい」と話してくれました。そこで、「お互いに(親子)同級生でもありますし、息子さんもいい大人ですし、喧嘩する必要はないのでは？」と伝えました。すると女性は肩の力が抜け、なんと1週間後には息子さんのほうから冗談をいいながら話しかけてくるようになったそうです。

余裕のない、機嫌が悪い状態だと人とのコミュニケーションはうまくいきにくいとお伝えしましたよね。この女性も、息子をひとりの人間として見られるようになったことで肩の力が抜け、結果として関係性が好転するに至ったのです。

自分がどのような状態でいるかは、人間関係においてそれほど重要なことなのです。

豊かな人間関係を築くためのヒント

本章では「人の数だけスポットライトと真実がある」という大前提を踏まえたうえで、人間関係を楽にするための考え方をお伝えしてきました。

章の最後に、現代に生きるわたしたちが豊かな人間関係を築くためのヒントをふたつお伝えして締めくくりたいと思います。

まずひとつ目は、世代の違いについて。

「ジェネレーションギャップのせいで話が通じない」「世代が全然、違うからわかり合えない」などといわれる向きもありますが、**世代の違いを分断の材料にするのはとてももったいないこと**です。

年齢の差や世代の違いが大きいほど共通言語になるものが少なく、見えている現実の違いも大きくなる傾向はありますが、だからといってコミュニケーションの難易度が高いとか、メリットを満たし合う関係になりにくいからと敬遠するのは、賢明なことではないと考えます。

なぜなら、**世代の違いは「スパイス」**だからです。みんながみんな阪神タイガースのファンだったら野球は盛り上がりませんよね？　いろいろなチームのファンがいるからこそ面白いのです。

人間関係も同じです。同世代の人間同士で盛り上がるのも楽しいですが、価値観や世界の広がりには限界があります。年齢や世代が違うからこそ、新しい発見があり、お互いの価値観を刺激し合えるのです。

隠し味やスパイスを加えることで料理の味わいが深くなるように、世代間のギャップも人間関係とあなた自身を豊かにしてくれることは間違いありません。

「違いがあってあたりまえ。違いがあるからこそ面白い」の精神でコミュニケーションを楽しんじゃってください。

ふたつ目は、コミュニケーションの在り方についてです。

デジタル化が進み、いろいろなことが時短、ショートカット化されています。以前は何時間もかかっていたことがほんの数分で済むようになるなど、本来であれば自由に使える時間は大幅に増えたはずです。

しかし、IT化のおかげで生まれた時間は、SNSや動画といったデジタルコンテンツの視聴に費やされやすく、むしろ以前よりも忙しいと感じている人のほうが多いのではないでしょうか?

そのせいか、人とのコミュニケーションもオンライン上で完結させることが増えています。しかし、**リアルとオンラインとでは、コミュニケーションの質は雲泥の差**です。

人は五感を使って情報を脳に取り入れているとお伝えしましたよね。オンライン上のやり取りは、視覚のみか、あるいは視覚と聴覚のふたつの感覚を使う程度です。一方、対面でのコミュニケーションは、その他の感覚もフルに稼働します。オンラインのやり取りでは得られない、膨大な情報量を全身で吸収できるのです。

Ａｐｐｌｅ ＭｕｓｉｃやＳｐｏｔｉｆｙで音楽はいつでもどこでも聴けるにもかかわらず、わざわざライブに行く人がいるのは、そこに「体験」と「感動」があるからです。

リアルの人間関係にも、オンラインでは得られない体験と感動があります。どれだけ便利な世の中になっても、その喜びを忘れたくはありません。

ＩＴ化のおかげで生まれた時間を、大切な人に会いに行くために使ってみませんか？

あなたの大切な人と、のんびりお茶でも飲みながら何気ない会話を交わし、お互いに笑い合うために使えたら、人間関係も人生も何倍も充実したものになるはずです。

Work 15分でできる脳内デトックス

「人間関係にほとほと疲れ果ててしまった」
「職場の○○さんにイライラが止まらない」

このようなときは、15分だけでいいので、喫茶店などのひとりになれる場所で、頭のなかにあるものを紙に書き出してみましょう。

人間関係について気持ちが限界を迎えているときは、大抵、自分自身ではない「なにか」や「誰か」のために生きてしまっています。

まずは、ひとりになって落ち着きを取り戻すのが先決です。

ノートでもコピー用紙の裏でもメモ帳でもなんでも構いませんので、自分の頭に浮かんできたものをひたすら書き出してください。内容はどんなことでも大丈夫です。

15分も取り組めば、かなり頭も気持ちもすっきりしてくるはず。このように、頭のなかのものを外に出すことを「外部化」といいます。頭のなかがごちゃごちゃして落ち着かないとき、外部化は極めて効果的な方法です。

また、特定の誰かに対してイライラが止まらないときは、自分でなく他者にスポットライトが向いていることが多いといえます。そこで、「自分はどうしたいのか」「なにをしたいのか」「なにが目標なのか」を思い出しながら紙に書き出してみましょう。スポットライトを自分に向け直すのです。

取り組む際はタイマーやアラームをセットし、15分経ったら潔く終了してください。それ以上取り組むと、ネガティブな考えが頭に浮かんできやすくなるからです。

なお、今回のワークは、「限界だ」と感じたタイミングのたびに取り組むことでも効果を実感できますが、可能であれば、1日15分でもこのような時間を確保できると自分のご機嫌を保ちやすくなり、人間関係もうまくいきやすくなります。

Work Sheet

頭のなかに浮かんだものを
ひたすら書き出そう！

第2章

大嫌いな相手がみるみる正体を現す魔法

「受容」も「拒否」もしなくていい

「好き」は100人にひとりいればいい

みなさんには、「嫌いな人」が何人いますか?

「ひとり、ふたり、3人……。うーん、5人くらい?」と答える人もいれば、「ぶっちゃけ、職場の人はほぼ全員嫌いやで!」と答える人もいるでしょう。

なかには、「嫌いな人がたくさんいる自分って、心が狭いんかも……」と自己嫌悪の気持ちを抱いた人もいるかもしれません。

嫌いな人がたくさんいても、ご安心ください、あなたはすこぶる健康です。**嫌いな人がいるのは、実はとても健全**なことなんですよ。


というのも、稀《まれ》に「嫌いな人は特にいない」と答える人もいるのです。そのような人のなかには、職人的な仕事をしていたり、ひとりで集中することが多い仕事をしていたり、人とかかわることが少なかったりと、人間関係のお悩みと縁遠い人もいます。

そうであればなにも問題はありませんが、なかには、過去に人間関係で極端につらい経験をしたり、幼少期にトラウマになるくらいの経験をしたりしたことによって、人間関係の「好き、嫌い」の感情が鈍くなってしまっている人もいるのです。そのような人は、自分の感情に蓋をすることで乗り越えてきたなにかがあることが多いようです。

つまり、**「嫌いな人がいる」人は、自分の「好き、嫌い」を感じられるという意味でとても健康的なのであり、決して悪いことでも恥ずべきことでもない**のです。

嫌いな人がたくさんいるのは、普通のことです。とよかわの体感でいうと、10人中8人のことが嫌いでも、なにもおかしいことはありません。

まして、「凄く好き」「気が合う」人は、１００人のなかにひとりかふたりいれば、御の字です。

ところで、なぜ人は相手を「嫌い」と感じるのでしょうね？

その答えは、自分がどのようなときに人を嫌いになるのかを冷静に観察してみるとわかります。とよかわが見ている限り、**人が人を嫌いになるのは、「自分の予定からずれた行動をしてきたとき」**です。例えば、自分の作業に集中したいのにいつも無茶ぶりをしてくる上司。あるいは、自分を犠牲にしてまで家庭を優先しているのにちっとも協力してくれないパートナー。このような相手に対して、人は「嫌い」と感じやすいのです。要は、自分の思惑を邪魔してきたと感じる相手であり、**人は「自分の優先順位を脅かしてくる人」を嫌いになる**のです。

逆にいうと「自分の予定を優先してくれる人」、つまり「自分の優先順位を尊重してくれる人」に対して、好意を抱きやすいということです。

ちなみに、人間関係の「好き、嫌い」は固定的なものではありません。学生時代はいけすかない奴だと思っていたのに、社会人になって再会したら「なんや、ええ奴やんか」と思い直したことのある人、たぶんいますよね？　このように、**人間関係は流動的なものであり、タイミングや状況によって変わります。**

さらに、自分自身のコンディションによってもその程度は変化します。いうなれば、水墨画のグラデーションのように濃淡があるのです。漆黒といってよいくらいの「大・大・大嫌い」のケースもあれば、うっすらとしたグレーの「ちょっと嫌い」のケースもあるわけです。メーターでいうと、常に針がうろうろと動いて、定まらないイメージです。
このような、「好き、嫌い」の度合いを左右するのは、脳の「扁桃体《へんとうたい》」と呼ばれる部分です。ここは、脅威に直面したときの恐怖や怒りといった動物的で原始的な感情（「情動」といいます）をコントロールしており、「爬虫類脳《はちゅうるいのう》」とも呼ばれています。平たくいうと、「生きる、死ぬ」にかかわる本能的な強い感情を司っているのです。

また、扁桃体には、オーディオ機器でいうところのアンプのようにボリュームを上げ下げする機能も存在します。よって、生命の危機の程度によっては、極端に激しい行動に自分を駆り立てることもあります。その人が「生命維持を脅かされている」と強く感じれば感じるほど、人の好き嫌いも極端にふれやすくなるわけです。

つまり、**寝不足で体が疲れていたり、仕事が立て込んで脳がパンクしそうな状態だったりすると、人は他人に対して「嫌い」と感じやすくなります。**

自分自身ではない「なにか」や「誰か」のために生きているときも同様です。

「余裕がない＝生命維持を脅かされている」と脳が認識すると、いろいろな人に腹が立ったり、嫌いになったりしやすくなります。

嫌いな人を消す魔法

人間関係の「好き、嫌い」の感情は、生命維持の本能に影響されているものであるから、嫌いな人がいるのはあたりまえという話をしてきましたが、しかし「こいつ、嫌いや」「どいつもこいつも腹立つわ～」と思って毎日を過ごすのは、正直、気持ちのいいものではありませんよね。

「あいつ、違う部署に行ってくれへんかな」「転勤でもすればええのに」など、自分のまわりからいなくなるのを、こっそり願ったことは誰にでも経験があるはずです。

実は、いい方法があります。それが、「嫌いな人を消す魔法」です。

「人を消すって……。ちょっと、ちょっと、とよかわさん、大丈夫なの、それ?」と心配になった人もいるかもしれません。

大丈夫です! 消すといっても、物理的に抹消するわけではありません。しかし、あなたの頭のなかから「大嫌いなあいつ」を消し去ることは可能です。

では、やり方を説明しますね。簡単過ぎて驚かないでくださいね。

嫌いな人を消す魔法、それは、**「相手の『優先順位』や『幸せ』がなんなのか、観察する」**だけです。

「えっ、ちょっと待って、どういうこと？　そんなことで本当に消えてくれるの？」という声が聞こえてきそうです。もう少し詳しく説明しますね。

相手を嫌いになったり腹が立ったりするのは、あなたの予定や優先順位を脅かしてくるからでしたよね。つまり、相手にそのようななんらかの言動があったわけです。

その言動に対して、**「なにが目的なのか」、それによって相手が「どんな幸せを得ようとしているのか」「なにを優先しているのか」を観察してみます**。相手に直接聞く必要はありませんよ。あくまで、あなたの頭のなかで考えるだけで結構です。

そうすると、なんらかの答えを思いつくはずです。「○○くんは、上司の前でええかっこしたいだけやな」「△△ちゃんは、モテたいだけやんか」「□□さんは、家族を守るために必死なんやな」など、いろいろなパターンがあるでしょう。

相手の目的に合点がいくと、「いるいる、こういう人」と思えてきます。「どうしようもないやっちゃな」とも思うかもしれませんが、同時に**「まぁ、人間やからな」**とも思えて

きたら、この時点で相手の存在は限りなくあなたの頭のなかでちっちゃくなってきている
はずです。ここまできたら、もうひと息!

次に、「なるほどね。『優先順位』ねぇ、『幸せ』ねぇ……」と、「優先順位」「幸せ」「ゴール」「目的」など、先ほどは特定の誰かを主語にして考えていたこれらの言葉を、主語抜きで頭のなかで反芻《はんすう》してみてください。

すると、**「あれ、そういえば自分の幸せってなんやったっけ?」「なにを優先したいんやったっけ?」**と、今度は自分自身に気持ちが向きはじめていきます。いいですね、そのまま自分のことを考えちゃってください。するといつの間にか、あなたの頭のなかで相手の存在は消えていいます。

イメージしづらいかもしれないので、具体的な例を紹介しますね。

とよかわも、以前会社で働いていたとき、部下を明け方までキャバクラやカラオケに付き合わせる社長のことが嫌で嫌でたまらなかったことがあります。

その社長はとにかく豪遊っぷりが凄まじく、最初の頃は「お金持ちなんやな。モテるんやな。なんだか凄いな」とびっくりしていたのですが、次第に「もうええ加減にしてくれ。

朝5時までカラオケボックスでレモンサワー飲み続けるの、しんどいわ……」と思うようになり、どんどん嫌いになっていったのでした。

しかし、正面切って社長に文句をいうわけにもいかず、ストレス溜め放題コースでどんどんメンタルが病んでいったのですが、ふと、「この人、なにがしたいんやろ?」と考えるタイミングがありました。

すると、「そういえばこの人、独立前に勤めていた会社の社長が豪遊ざんまいやったたっていってたな。あぁ、それを真似しているのか。頑張ってここまで成り上がったことをまわりに見せびらかしたいんやな」と思い当たったのです。

「なるほどな、それでこの豪遊っぷりか」と腑に落ちると、社長の言動が途端にたいしたことのないように思えてきました。むしろ、心のなかで「ちっちゃいやっちゃな」と笑いが止まらなくなりました。

それ以降、あれほど嫌いだった社長に対してなにも思わなくなりました。「どうでもいい」「むしろ面白い」と思えるようになれたからです。僕は僕で本来の目的を思い出せて、仕事に集中できるようになりました。

これが、「嫌いな人を消す魔法」です。
「消す」というより、あなたの頭のなかから勝手に消えてくれるのです。

嫌な「あいつ」の正体を見破る

「わかったような、わからんような」という人も、大丈夫です。もう少し分解してわかりやすく説明していきますね！

嫌いな人に対して、「相手の『優先順位』や『幸せ』がなんなのか、観察する」とは、平たくいえば、「あいつ、結局のところなにがしたいん？」と、**少し引いた視点で相手を見る**ことです。「引く」とは気持ちの面で相手と距離を取るということ。違う表現をするならば、「客観的」に見るわけです。

この方法のいいところは、冷静になれることです。

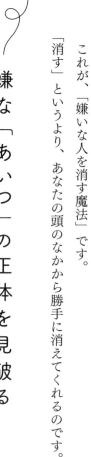

一歩引いて見ると少し気持ちが落ち着くのは、みなさんも感覚的になんとなく理解できますよね？

このように相手を見ることを、別の言葉で**「メタ認知」**ともいいます。「メタ」には

「高次の」「超越した」という意味があります。「認知」とは字の通り、「認める」「認識する」ことです。

つまりメタ認知とは、**わかりやすくいうと、「一段上の目線から見る」ことです。マンションの2階や3階から1階を見るイメージ**ですね。

少し引いた視点で相手を見ると、イライラしていた心が落ち着きを取り戻しはじめます。しかし、これでは不十分。それに加えて、相手の「目的」や「幸せ」や「ゴール」を観察することが重要です。

なぜかというと、相手の**「目的」や「幸せ」や「ゴール」がわかれば、相手の「正体」を見破ることができる**からです。

「幽霊の正体見たり枯れ尾花」ということわざにもあるように、人間は枯れたススキを幽霊だと思い込んで怖がってしまうことがあります。人はわからないものに対して不安や恐怖を覚えやすいのです。

これは腹の立つ相手に対しても同様で、相手の正体がわかってしまえばイライラは落ち着いてきます。相手がなにをしたいのかがわかり、「なんや、そういうことかいな」と冷静になれるからです。

「つまり、なんなのか」と、その正体を理解することを「抽象化」といいます。英語では「アブストラクション」というのですが、英語の論文の冒頭の部分には、その論文の概要をまとめた「アブストラクト」が設けられています。

論文はとても長い文章なので、読むべき内容かどうかを研究者が先に判断できるようになっているのですね。つまり、**「抽象化」とは「要約」であり「まとめ」であり、「つまり、なんなのか」を言い換えたもの**なのです。

ちなみに、日本を代表する企業であるトヨタ自動車も、生産の過程で起きたトラブルを追及するときに「なぜ」を5回繰り返す、通称「なぜなぜ分析」で根本的な原因を探っているといいます。トラブルがなぜ起きたのかを考え、出てきた答えに対してさらに**「なぜ」と問いかけるのを5回繰り返すことで、トラブルの原因が抽象化され、問題の本質に辿《たど》り着ける**そうです。

嫌いな相手に対して「結局のところ、なにがしたいん?」と考えるのも、「なんでそんなことをいうんやろう?」「なんでそんなことをするんだろう?」と思考を深めていく行為です。トヨタの「なぜなぜ分析」と似ていますよね。

引いて見るコツ

「抽象化かぁ。なんとなくわかったけど、イライラしているときにそんなふうに相手を見るなんて、難しそうやん？」と思う人もいるかもしれません。

確かにその通りですね。しかし、「抽象化した瞬間に相手のことが頭のなかから消える」というよりは、「結果的に消える」と考えてください。

つまり、この魔法は**「過程」そのものが大事**なのです。**「抽象化しよう」「メタ認知しよう」と意識的に頭を回転させているうちに、自然とイライラが収まり、気づいたら相手のことが頭のなかでどんどん小さくなっていく。しまいにはきれいさっぱり消えてしまう。**

つまり、**「やってみる」こと自体に意味がある**のです。

「そうなん？　じゃあ、まぁ、今度やってみるわ」くらいのノリですよね？　実際にやってみるときに少しでも簡単にできるように、引いて見るためのコツをふたつほど紹介しておきますね。

コツ1

相手の属性の枠を少しずつ大きく広げる

嫌いな相手が会社の上司だったとしたら、「自分の上司」→「○○部の部長」→「○○社の社員」→「○○区（市）に住んでいる男性」→「○○県に住んでいる男性」→「日本人」→「地球に住む人間」→「動物」→「生物」のようなイメージです。

「生物」まで辿り着いた頃には、気持ち的には相手のことをかなり引いて見られているはずです。

コツ2

数字を使って考える

「自分の上司はいつも報告書にダメ出ししてくる」とイライラしているとしたら、「実際、何回ダメ出しをされたか」を考えてみます。

「えーと、前回ダメ出しをされたのは……先月か。あと、何カ月か前に出張したときの報告書のときか。ということは、これで3回目か」などと考えてみると、「意外と少ないかも」と感じるかもしれません。

「やっぱり多いな」と結論が出たとしても、「○年一緒に仕事をしていて○回か。平均すると○回くらいか。ま、○カ月に1回くらいなら、そんなに多いといえんかも?」「月に○回はやっぱり多いと思う。そういえば、他の同僚はどうなんやろ? ちょっと先輩に相談してみようかな」など、冷静に考えられるようになります。

ちなみに、「コツ2」の数字を使って考えるやり方は、対人関係以外のタイミングでも、とても役に立ちます。とよかわがIT通信業界で電話セールスをしていたときも、この方法で自分の気持ちを落ち着かせたことがありました。

当時、自分に与えられた売り上げ目標の金額を見て、とても達成できる気がせず、途方に暮れたことがありました。

そこで、とりあえず月の売り上げ目標を営業日で割り算して、1日の売り上げ目標を割り出してみました。そして、それを1件あたりの成約単価で割り算し、「何人のお客様から契約してもらえればいいのか」を計算したのです。

さらに、とよかわのそれまでの成約率を踏まえ、1日の売り上げ目標を達成するために何人のお客様に電話をかければいいかも計算してみました。

すると、「いままでの成約率で考えると、1日に5人のお客様に電話をかければ売り上げ目標が達成できる」ことがわかり、途方に暮れていた気持ちが落ち着いてきました。冷静さを取り戻すと、「よし、じゃあ午前中に3人、午後にふたりに電話をかけることにしよう」と、やるべきことを明確にできたのでした。

このように、ものごとを数字で表すことを**「定量化」**といいます。

これまで何度も仕事でピンチを迎えるたびに「どうしよう、どうしよう」とパニックになっていたとよかわを救ってくれたのは、定量化であり、メタ認知であり、抽象化だったのです。

トカゲから人間に戻る

話を元に戻しますね。

引いて見て、「つまり、なんなのか」を観察して相手のやりたいことや目的がわかると、あなたから見える相手の姿が変わってきます。「ええかっこしたいがために空回りしてる奴」「単にモテたいだけの奴」「家族のために必死で見境ない奴」など、**あなたの気持ちを**

乱す大嫌いな相手が正体を現すわけです。

幽霊の正体がススキだとわかったあとも、怖がり続ける人はいませんよね？　大嫌いな相手の正体がわかってしまえば、以前の、手に負えないほどのイライラ感はすっかり鎮まっているはずです。

「いや、まぁ、それはそうやけど、正体がわかってもまだ腹立つわ」と思う人もいるかもしれません。

大丈夫です。まだ続きがあります。

次にやってほしいのは、「いるいる、こういう人」と、相手の正体をパターンで認識することです。人間である限り、脳の構造は基本的には一緒です。脳の構造が一緒ということは、**本能的な部分での思考や欲望といったものは共通**しているのです。

その共通性を分類したものとして、**「ＨＡＲＭの法則」**というものがあります。

ＨＡＲＭはそれぞれ単語の頭文字をつなげたもので、具体的には次のような内容です。

Ｈ…ヘルス＝健康、美容
Ａ…アンビション＝欲望

R…リレーション＝人間関係
M…マネー＝お金

「上司の前でええかっこしたいだけやな」という相手の場合、それが出世のためであれば「A…アンビション＝欲望」や「M…マネー＝お金」にあてはまります。上司と仲良くしたいという意味では、「R…リレーション＝人間関係」にも該当するかもしれません。

「モテたいだけやんか」という相手の場合は、「R…リレーション＝人間関係」ですね。

「家族を守るために必死なんやな」という相手なら、「R…リレーション＝人間関係」でしょうし、家族を養うためのお金がほしいという意味では「M…マネー＝お金」かもしれません。

このように、人間の言動を抽象化していくと必ず「HARM」のどれかにあてはまります。ほぼ例外は存在しないと考えていいでしょう。

このように対象をパターンに分類して捉えることを、**「パターン認識」**といいます。

面白いもので、**人はものごとがわかりやすく分類されていると心が落ち着きます。**「よくわからないもの」が、「正体がわかっているもの」に変わるからです。

ごちゃごちゃしていてどこになにがあるかわからない部屋は、なんだか気持ちが落ち着きませんよね？　でも、整理整頓されていれば気持ちがすっきりします。それと同じようなものです。

「幽霊の正体見たり枯れ尾花」ということわざがあるのは、「わからない」ことが人間にとってとてもストレスフルであることの証拠だといえそうです。

なお、ストレスフルな状況では、脳のなかの「爬虫類脳」と呼ばれる部分が「余裕がない＝生命維持を脅かされている」と判断します。そのような状態では人を嫌いになったり腹が立ったりしやすいとお伝えしましたよね。

爬虫類といえばとよかわがすぐに思いつくのは「トカゲ」なので、爬虫類脳のことを「トカゲ脳」と呼ぶことにします。

つまり、相手にイライラしたり腹が立ったりしてプンプンしている状態は、人間としての冷静な脳ではなく、トカゲ脳が激しく反応している状態であり、人間モードではなく、いわば「トカゲモード」になっているようなものです。

種明かしをすると、**客観視したりメタ認知したり抽象化したりするのは、トカゲモードから人間モードに戻るための手段**なのです。「つまり、なんなのか」を考えるには、「前頭前野」と呼ばれる人間的な脳を働かせる必要があるからです。

トカゲ脳から人間脳へと脳の活動の場所を移すことで、激しく興奮していた頭のなかを鎮められるのです。

トカゲから人間に進化することが、イライラを鎮めるコツなのです。

共感も受容もいらない

ところで、人とうまくやっていくコツとして、「相手のありのままを受け入れる」「相手を許す」「共感し合う」などのノウハウを見聞きしたことがあるかもしれません。

でも、実際、無理じゃないですか？　「ありのままを受け入れる」なんて、綺麗事《きれいごと》じゃないですか？　ぶっちゃけ、しんどいですよね？

なので、そんな大変なことはしなくて大丈夫です。共感したり許したりするなんて無理ですよ。だって、嫌いなんですから。

大事なのは、相手の正体を「ふーん、そうなんだ」と認識することであって、「共感」でも「受容」でもありません。

相手の正体をパターン認識し、「まぁ、人間だからね」と淡々と理解するだけでOKです。生き物だから、動物だから、人間だから……その言動の背景には、HARMに分類される「目的」がある。「だって、人間だもの」と思えたら、あなたはトカゲではなく人間に戻れていいます。

もう大丈夫です。

しかし、次のように思う人もいるかもしれません。

「気持ちは落ち着いたけど、でも、状況は変わってないわけで。相手の問題行動はどうしたらええの？」

単にいけすかないだけではなく、相手の問題行動に困っている場合はなんらかの対応が必要になりますよね。それに関しては、次のように考えてみてください。

ステップ1

「人の数だけ優先順位がある。相手の正体は○○で、△△が目的なんやな。まぁ、人間やからな。相手が間違っているっちゅーわけでもないよね」

ステップ2

「相手に優先順位があるように、自分にも優先順位がある。相手が間違っていないように、自分も間違ってへん。こっちにだって言い分はある」

ステップ3

「相手も自分も間違っていないとして、そやけど、この場所でのルールや目的は○○やから、それに合わせた対応をせなアカン」

つまり、「相手にも優先順位があるから、間違っているというわけじゃないよね」で終わりにするのではなく、自分のこと、さらには相手と自分が属している**「組織の優先順位」を踏まえた対応を考える**ことが必要です。

具体的な例で説明しますね。

あなたが上司で、部下のひとりに手を焼いているとしましょう。その部下はいつも提出物の期限を守らず、何度注意してものらりくらりで、悪びれている様子もありません。

「どうして何度いっても期限を守らないんや？　どうして真面目に仕事しないんや？」と、あなたは我慢の限界で爆発寸前です。


まず、ここまで伝えてきたように、相手を少し引いた視点から捉え、相手の目的がなにであるかを考えます。ここでは仮に、「あいつ、休憩時間もいつもスマホゲームしているよな。家でもいつもゲームをしているといっていたし、そうやってゲームに夢中になって仕事の期限を守れないんやろな。つまり、趣味のゲームを最優先しとるわけやから、『HARMの法則』で考えると『A：アンビション＝欲望』に該当しそうやな。仕事は単に生活費を稼ぐための手段で、だからやる気が出ないんやろな」と思い当たったとしましょう。

そして、「ようおるよな、仕事より趣味が最優先の奴。そのパターンか、なるほどね。まぁ、人間やからな。人の優先順位にいいも悪いもないよね」と考えると同時に、「でも、こっちにだって言い分がある。提出物の期限を守ってくれへんとこっちの仕事に支障が出るねん」とも考えます。

さらに、「ここは会社であって、事業の利益を追求せなアカン組織や。期限通りに仕事が進まんと売り上げ目標が達成でけへんし、期限を守らないことを容認していたら他の社員の士気にもかかわるわけや。やっぱり、期限は守ってもらわんと！」と、組織としての優先順位と利益を考えます。

そのうえで、組織としての優先順位をビシッと相手に伝えます。

このときに**大事なのは、淡々と伝えることです。感情的にならない**でくださいね。**ポイントは、相手の優先順位を尊重していることも併せて伝えること**です。例えば、次のように伝えられるとよさそうです。

「あなたの仕事のやり方があるのは理解していますが、期限を守ってもらわないと売り上げ目標が達成できませんし、他の社員にもしめしがつきません。あなたのことを大事に思っているからこそいいますが、この会社では提出物の期限を守ることが必要です」

このように伝えることで、反省して期限を守るようになってくれる人もいます。

しかし残念ながら、そうでない人もいます。実のところ、**1回伝えたくらいで相手が変**

わってくれることを期待しないほうがいいでしょう。

なぜなら、組織のルールを守らなかったり、平気でまわりに迷惑をかける人というのは、幼少期の育ち方やそれまでの経験によってひねくれていたり、まわりの気を引くためにそのような態度を取っていたりするケースも少なくないのです。そこまで**積み重ねてきた悪い癖を、1回や2回程度の注意や指導で正せるわけがない**んです。

そこで、**最低でも3回くらいは、組織としての優先順位を淡々と伝え続けてください。**

あきらめずに伝えることで、「この人はいままでの人たちと違う。真剣に自分と向き合ってくれている」と感じて心を入れ替えてくれる可能性も十分にあります。

あなたもわたしも嬉《うれ》しい3つ目の選択肢

しかし、何度冷静に伝えてもまったく改善する様子が見られない場合は、次のステージに移る必要があります。

いくら悪気がないとはいえ、組織としての決まりや約束ごとを守っていないことは事実です。ミスがあった以上、それを改善したりリカバリーしたりするのは組織に属している人間として最低限、必要なことですよね。それにもかかわらず、何度伝えても変化がない場合は、一緒にやっていくのは難しいと判断するのが自然な流れです。平たくいえば、「部署異動」「解雇」などです。

そうはいっても、そのような処遇を伝えるときも、相手の優先順位を尊重した言い方をすることがとても大切です。例えば、次のような言い方ができるといいですね。

「これまで何度も組織としてのルールを伝えてきましたが、それよりも優先したいご自身の事情があることは、理解しているつもりです。ただ、いい、悪いではなく、あなたと組織の方向性がいまのタイミングではマッチしていないと思います。いまの状態をずっと続けるのはお互いにつらいですし、別の道を行くことにしませんか？」

このような言い方をすれば、相手の人格を否定していることにならず、相手を尊重していることが伝わります。相手も納得したうえで別の道を進んでくれるでしょう。加えて、自ら命を絶つことや、**逆恨み、パワハラだと訴えられることなども防げる**はずです。

価値観の相容れない二者が選べるのは、「受け入れる」「拒否する」の2択のみではありません。お互いが納得したうえで別の道を選ぶのであれば、そこに勝ち負けはありません。

このようなウィン・ウィンの選択肢を、人生とビジネスの成功哲学を綴《つづ》った世界的ベストセラー『完訳 7つの習慣 人格主義の回復』（キングベアー出版）のなかで、スティーブン・R・コヴィー博士は「第3の解（案）」と呼んでいます。二者択一の対立構造ではなく、両方にとってプラスになる選択肢のことをいいます。

嫌いな相手に共感することも、受容したり、拒否したりすることも必要ありません。**人の数だけ優先順位があることがわかれば、3つ目の解に辿り着くことは必ずできます。**

自分専用の幸せなトカゲになる

嫌いな相手に対して、プリプリ怒っていたトカゲ状態から人間状態へと戻ってくる術を身につけると、一段上のレイヤーに上がった心境になることができます。いわば、お坊さんの「悟り」に近い状態です。

「悟り」とは、自分の優先順位を自由自在に組み替えられる状態だと、とよかわは理解しています。要は、あたりまえのように自分よりも他者を優先できるようになるのです。これはとてもＩＱの高い状態ですし、人間としても高次のレベルにいるといえます。しかし、**言い換えると「ハングリー精神がない」状態**でもあります。

自分の欲望を限りなく後回しにした「悟り」状態で現代を生き抜くのは、正直なところ結構、難しい。価値観が多様になり、自分の生き方は自分で決めて前進していく必要があるからです。「自分の欲」がなければ、右にも左にも、前にも後ろにも進みようがありませんよね。

そこで、**トカゲ状態から人間状態へと戻ってきたら、次は自分自身の欲を思い出す必要があります。**

今回の「嫌いな人を消す魔法」の流れのなかで、相手の正体を見破ったあと、今度は自分のことに意識を向けると説明しましたが、それは自分の欲を思い出す工程なのです。「優先順位」「幸せ」「ゴール」「目的」など、最初は誰か他人のことを主語にして考えていたこれらの言葉を、今度は主語抜きで頭のなかで反芻すると、脳は自動的に自分ごととして考えはじめてくれます。

「そういえば自分の幸せってなんやったっけ?」「なにを優先したいんやったっけ?」と自分に気持ちが向くと、脳内のスポットライトがあなた自身の幸せやゴールに集中し、カルピスの濃度が濃い状態になります。

自分の欲や幸せに集中した、自分専用の幸せなトカゲの誕生です。

しかも、自分自身にスポットライトが向いている状態では他のことに対するカルピスの濃度は薄いため、意識がそこに及ばない——つまり、現実的に存在していても、見えなくなります。この仕組みについては第1章でしっかり説明しましたね。つまり、**自分専用のトカゲ状態になると、嫌いな相手のことが見えなくなる**のです。

嫌いな相手に振り回されない冷静さを保ちながら、なおかつ自分の欲に忠実に生きるには、人間とトカゲを行き来すればいいのです。

スポットライトの扱いでいうと、**嫌いな相手に向いていたスポットライトをいったん上空に引き、今度は方向を変えて自分自身にフォーカスしていく**イメージです。

人間関係は望み通りになる

スポットライトを自由自在に扱えるようになり、トカゲと人間を行き来できるようになると、あなたが人間関係で苦労することは激減していきます。

どのような人間関係を築くかを自分で選べるようになるからです。

例えば、仕事の取引先に、パワハラやセクハラまがいのことをしてくる人がいたとしましょう。

その**相手の正体を見破ったあと、具体的な対応を考える段階で、どこまで相手のことに踏み込むかはあなたが決めていい**のです。二度とかかわりたくないと思えば、上司や取引先の上長も巻き込んで相談することもできるでしょう。電話番号やメールアドレスを変えて、一切連絡が取れないようにすることもできるでしょう。

そこまで徹底した対応をしたいと思う人もいれば、「いや、そこまではしなくていいかな。とりあえず、自分が気にならなければそれでいいかな」と考える人もいます。

つまり、**人間関係のありようは、あなたの望み通りにつくれる**のです。

映画『アラジンと魔法のランプ』に登場するランプの精は願いごとを3つ叶《かな》えてくれますが、3つとも叶えてもらうのか、それともひとつでいいと答えるかは、その人がどれくらいの欲望を持っているかによります。

ちなみに、とよかわはとても欲張りな人間なので、願いごとは3つ叶えてほしいですし、人間関係でも「この人とかかわって本当によかった」といつも感動していたいタイプです。そこで、「この人はちょっとな……」と思う相手とは、かかわらずに済むように対処します。

例えば、以前僕が仕事を頼んだ人は、「仕事ができる」と評判のマーケターでしたが、しばらくお仕事でご一緒しているうちに、納期を守らないことが増えてきました。また、言葉遣いも荒く、気持ちよく取引できる相手ではなくなっていったのです。

当初は、「なんで納期を守らんのや〜！」とプリプリしていたとよかわでしたが、「若くしてビジネスがうまくいって、調子に乗ったんやろな。成功を自慢したくて偉そうにしてるんやろな。おるおる、こういう人。まぁ、人間やからな」と落ち着いて見られるようになり、「気持ちよく仕事でけへんから、この人とはもう取引せんとこ。今後は、仕事ぶりや態度の評判をもっとしっかり確認してから取引するようにしよ」と、潔く取引を終了しました。

いまはもう、まったく腹が立つことはありません。だって、その人とかかわっていませんから。


また、仕事上の知り合いで、異様に馴《な》れ馴れしい人がいて、困っていた時期もありました。馴れ馴れしいだけでなく、たいして親しくもないのにあちこちで、「とよピーが○○っていった」「とよピーが○○してた」と、さも大親友か恋人かのように吹聴してまわるのです。

恐ろしいことに、「とよかわさんって、あの人と仲いいんだ？　てか、付き合っとるん？」とまわりから誤解されることが増え、「なんなんだ、もう、やめてくれ……」と気持ちがまいる寸前でした。

しかし、「嫌いな人を消す魔法」の要領で、「あぁ、あの人は、とよかわと仲がいいといってまわることで人にうらやましがられたいんだな。自慢したいんやな」と思い至り、それ以上腹を立てる気持ちはなくなりました。しかし、その人とはかかわりたくはないので、ＬＩＮＥもブロックし、電話も着信拒否、メールアドレスも変更しました。

ちなみに、その人は相変わらず「とよピーが……」とふれまわっているようではありますが、僕とは違う景色をとても楽しそうに見ていらっしゃるようなので、本人にはなにもいわず、そっとしています。

まわりの人に関係を聞かれた際は、ＬＩＮＥをブロックしている画面や着信拒否設定をしている画面を見せるなどして、確固たる態度で説明しています。いずれ、「あの人がいっていることは嘘《うそ》なんや」とみんな気づくはずです。

なお、このような**「嫌いな人を消す魔法」**を使いこなせるようになると、**特定の嫌いな人との関係にうまく終止符を打てるのみならず、思わぬ副産物を得られることも**あります。

とよかわの生徒さんで、自分で事業を営んでいる社長さんがいました。取引先が不正をしていることがわかったとき、その人は「この野郎！」といわんばかりの勢いで怒っていましたが、相手のゴールや目的を観察してみたところ、「どうしてもお金が必要だったから不正に手を出してしまったんだな。なるほどな。そういうこともあるよな」と思えるようになったそうです。

技術力の高い取引先ではあったといいますが、不正をするようなところに依存するのはリスクが高いとその人は考え、取引を継続しつつ、他の取引先も開拓することにしたそうです。

すると、「いつでも取引停止にできるぜ！」という安心感を得られたのみならず、取引先を増やしたぶんだけ売り上げも増え、結果的に以前よりも事業がうまくいくようになったといいます。

さらに、その人はお母さんとの関係がうまくいっていなかったのですが、お母さんの心情も思いやれるようになったそうで、親子の仲が改善したというのです。現在は自宅でお母さんの介護もしていると話してくれました。

まさに、魔法のような結果ですよね。

みなさんもぜひ、「嫌いな人を消す魔法」をマスターし、望み通りの人間関係を実現してください。

Work あなたと「あいつ」の弱点探し

本章では、嫌いな相手の正体を見破るための方法として、「相手の『優先順位』や『幸せ』がなんなのか、観察する」ことを紹介しました。

そのやり方とは別の、また違った視点から正体を見破る簡単な方法もあるので、ここで試してみましょう。

そのやり方は、嫌いな相手の「弱点」を考えることです。

相手の経歴や手がけている分野、普段の生活のなかで苦手そうにしていることなどを思い浮かべてみてください。なにかしら思い当たることがあるはずです。

相手の弱点に気がついたら、その弱点と、普段の相手の言動とを照らし合わせてみましょう。というのも、人間は自分の苦手なことや弱点を隠したがる傾向があります。じっくり観察すると、「なんや、苦手と気づかれんために必死やんか」という様子が見えて、自然と笑えてくるはずです。

これこそまさに相手の正体を見破った瞬間であり、あなたがトカゲから人間へと進化できた瞬間です。

さらに今度は、あなた自身の弱点も思い浮かべてみてください。もしかすると、相手との共通点が見つかるかもしれません。

仮に見つからなかったとしても、「あいつも自分も、同じ人間やもんな。弱点くらい、あるよな」と思えたら、肩の力が抜け、イライラは鎮まってきます。

このワークは頭のなかで行ってもよいですが、できれば、スマホのメモ機能やノートなど、なんらかのかたちで外に出すことが理想です。

外部化するだけで、冷静さに向けて一歩を踏み出すことができるからです。

Work Sheet

嫌いな人の弱点と
あなた自身の弱点を書き出そう！

第3章

マウント取る人消す魔法

「型」を理解しマウンティングを自在に操る

マウントとは一体なにか？

人間関係の悩みのなかで、「マウント」の話題は外せないものになってきました。

顔を見るなりいつも自慢ばかりしてくるあいつ。

偉そうに上から目線の発言ばかりしてくる上司。

立場を笠《かさ》に着て、無茶振りばかりしてくる取引先。

「おまえは楽でいいよな、それに比べてこっちは……」と愚痴だか自慢だかわからない話ばかり聞かせてくる友人。

……ほんま、あっちでもこっちでもマウント合戦ばっかりです。

「マウント行為に時代は関係ない」と「はじめに」でお伝えしました。そのうえ、「なんか最近、やたらとマウント増えてへん？」と感じている人もいるかもしれません。

それは、２０１０年代に「マウンティング女子」という言葉が世間で注目されはじめたのが理由だと、とよかわは考えています。

この項の冒頭で紹介したような人は、むかしから存在していました。しかし、むかしは「マウント」「マウンティング」という言葉や概念自体が存在していなかったため、単に

「嫌なことをいわれた」「こいつ、自慢ばっかやな」としか思わなかったわけです。

その行為に名前がつき、定義付けがされたことで、「あ、いまのはマウントやな」と認識するようになった結果、多くの人が「マウントが増えてきた」と感じるようになったのでしょう。

そんなわけで、**この世からマウント行為がなくなることを期待してはいけません**。我々はマウント社会でたくましく生き抜かなければならないのです。

実際、とよかわの体感でいうと、**マウントに悩んでいる人は8割以上**います。


なぜ、人はマウントを取ってしまうのか？

それは、「はじめに」でもお伝えしたように、人間に本来備わっている本能にもとづいた行為だからです。

そもそも**マウントとは、自分の優位性を相手に見せつけるための言動**のことです。簡単にいうと、相手の上に乗っかって支配するようなイメージですね。では、**なぜ自分の優位性を相手に見せつけなければいけないのかといえば、生き物として「自分の身を守りたい」という本能があるから**です。

つまり、生命維持が目的なのです。

縄張りに敵が入ってきたとき、動物は相手を威嚇しますよね。これは自分の縄張り、すなわち自分の身を守るための行為です。人間の場合はいきなり吠《ほ》えたり飛びかかったり上にのしかかったりはしませんが、そのかわりに**言葉や態度を通じて相手を威嚇する**のです。

「身を守るって、ちょっと大袈裟《おおげさ》やない？　別に、相手が攻撃してきたり家に入り込んできたりするわけやないやろ。それでもみんな、マウントするよね？」と思った人もいるかもしれません。

そうなんです。実は、**人間の場合、精神的な意味で身を守るためにマウント行為を働きます。自分のアイデンティティや心理的な安全性が脅かされたときにマウントしたい欲求に駆られる**のです。

例えば、次の❶と❷のケースで、どのような気分になるか少し考えてみてください。

❶職場の後輩が難易度の高い資格試験の勉強をはじめたとき

❷職場の新人がみんなにちやほやされているのを見たとき

❶のケースで、素直に「凄いな」「頑張ってほしい」と思える人はあまりいません。そういう気持ちがあったとしても、どこかでそわそわする気持ちを抱くはずです。

それは、後輩という、本来あなたよりも下の立場の人間が、（難易度の高い資格を取得することによって）**あなたを超えてくるのではないかとの不安が頭をもたげてくるから**です。その不安は「自分の身を守りたい」という本能によるものです。その本能的な不安を理性で抑えられなかった場合、「なに、頑張っちゃってんの？　意識高い系なわけ？」とひやかしたり、「さすがにおまえの実力やと無理やん？」と足を引っ張るようなことをいったりしてしまいます。これが、マウント行為です。

❷のケースでも、いい気分でいられる人はまずいません。実際に口に出すかどうかは別として、「新人のくせに生意気やな」「なんやねん、新人が調子に乗って。将来ろくなことにならんに決まっとるわ」などと感じるでしょう。（新人の出現によって）**自分がまわりから大事にしてもらえなくなるのではないかと本能的に不安になるから**です。その気持ちが高じて**「自分のことをもっと認めてほしい、尊重してほしい」という承認欲求や自己顕示欲へとつながる**とマウントを取りたくなってしまうのです。

誰もがみんな加害者

この他にも様々なケースが想定できますが、いずれも**「不安」からくる「身を守りたい」という本能がマウント行為に結び付きます。**

では、一体どのようなときに人が不安を感じるのかといえば、大きく次のふたつに分類できます。

A　新しいものや不慣れな状況に直面したとき
B　自分に自信がないとき

Aのような状況で不安になるのは、誰だって一緒です。「新しいもの」が人の場合は敵か味方かわかりませんし、状況の場合は自分がうまくやっていけるかわからないからです。

普段慣れ親しんでいるあたりまえの日常のことを、「コンフォートゾーン」といいます。コンフォートとは「快適、心地いい」の意味です。それが侵されそうになると人間は本能的に不安を感じます。

誰だってあたりまえの日常が壊されるのは嫌ですよね？　転校生が新しい学校になかなか馴染めなかったり、いじめられやすかったりするのもそのせいです。転校生も在学生もお互いに「コンフォートゾーンの外」なので、敵意を抱きやすいのです。

また、人以外でも、新しいサービスや仕組み、概念などに対しても同じように反応します。革新的な製品やサービスに対して「たいしたことない」「いまのままのほうが絶対にいい」などといってはばからない人がいるのは、自身のコンフォートゾーンを守りたいからです。

また、Bの状況でも人は不安を感じます。**自分に自信がないことを誤魔化したり、他者を貶《おとし》めたりして相対的に自分の立場を優位に保つことで不安を解消しようとするのが、マウント行為**です。

学歴や経歴、家族の肩書きを自慢したり、権威を笠に着て上から目線の発言をしたり、相手を批判したりけなしたりのかたちで発動することが多いといえます。

なお、先の❶と❷の例も、このAとBの条件を満たしています。❶のケースでは、職場の後輩自体は新しい存在ではありませんが、後輩が難易度の高い資格試験の勉強をはじめたのは新しいことであり、コンフォートゾーンの外です。また、後輩という下の立場を敵視していることから、そもそも自分に自信がないのかもしれません。

❷のケースでは、新人がやって来たわけですから「新しいもの」という面で明らかにコンフォートゾーンの外です。また、「もっと自分を認めてほしい、尊重してほしい」という気持ちを抑えられなくなるのは、そもそも自分に自信がない可能性が高いのでしょう。

ここまで読み進めて、こう思った人もいるかもしれません。

「新しいものに不安を覚えるとか、自分に自信がないとか、そんな状況、誰だってあるよね？」

はい、その通りです。

多くの人は自分がマウントを取られて嫌な思いをしたことは覚えていますが、実は、**自分自身も誰かにマウント行為を働いています**。もちろん、「マウントを取ってやろう」と意識的に行っている人はほとんどいないはずです。しかし、**相手が「マウントされた」と感じたらその時点で成立してしまう**のがマウント行為であり、しかも、本来的に備わった本能にもとづいた行為である限り、**誰もがマウント加害者になってしまうことからは逃げ**

られません。

つまり、**誰もがマウントを取られたことがあるし、逆に、取ったことも必ずある**のです。マウントとは、**いい、悪いではなく、この世の中に「あるもの」**なのです。

ぶっちゃけると、とよかわにもマウントを取りたい気持ちが心の奥底にあるのを自分で感じています。なぜなら、プロローグでお伝えしたように、僕の人生はちっともうまくいかず、そのせいで人一倍劣等感が強く、自信のない人間だったからです。

そんな自分をうまくなだめるために学んできたのが心理学や機能脳科学、認知科学にもとづいたコーチング理論であり、もちろん現在は満たされた気持ちで生きてはいますが、だからこそ、「こんなに頑張った自分を認めてほしい、褒めてほしい」という気持ちは正直、あります。

とはいえ、**そのような気持ちを野放しにしてマウント行為を働きまくるのか、それとも、自覚したうえで言動に気をつけたりまわりの人に配慮したりするのかは、自分で選ぶことができます。**放し飼いか、屋内飼育かは、自分で選べるんです。

みんな、マウントを取りたいのです。

それは生き物として自然なことであり、悪いことではありません。

マウント行為は徹夜明けのエナジードリンク

いい、悪いではなく、マウントはこの世にあるもの。誰でもマウントを取ったことがあるし、取られたこともある。

そうはいっても、マウントを取られるのは、正直しんどいですよね？　マウントを取られるたびにイライラしたり落ち込んだりするのは疲れますし、ダメージが蓄積するとどんどん自分に自信がなくなっていきます。

「なんでそんなこというん？　傷つくやんか」「腹立つわ〜、なんやねん、あいつ」と、マウントを取ってくる人のことを考えてプリプリしているあいだ、その時間まで無駄にしているような気がして、ますます気が滅入っていきますよね。

マウントを取られたことやその相手のことを考えているとき、あなたの脳内のスポットライトは相手のほうに向いていて、カルピスの濃度がとても高い状態です。そのような状況では、相手の言動や過去の思い出ばかりに脳がフォーカスして、ますますイライラしたり落ち込んだりします。

つまり、**あなたの人生なのに、自分ではなく他人のことばかりを考えて過ごしているわ**

けです。そんな人生、ちっとも楽しくないし、幸せでもないですよね。

一方、マウントを取った相手はどうかといえば、実はその人もちっとも幸せではありません。もちろん、マウントすることですっきりしたり一時的な満足は得られたりするかもしれません。しかし、その満足はあくまで一時的なものであり、長くは続きません。**そもそもが「不安」から生まれる欲求ですから、その不安自体を解消しなければ根本的な解決にはならない**のです。


実は、**マウントを取ってくる人は、心の奥底では自分がすべき努力を怠っていることにうっすらと気づいています**。それは、難しい資格試験の勉強に取り組みはじめた後輩を素直にリスペクトし、自分も負けじと研鑽《けんさん》を積むことであったり、新人の仕事ぶりの如何にかかわらず、自分はいつも通り粛々と仕事に邁進《まいしん》することであったりするわけですが、そこに**向き合う勇気や気力がない**のです。そのため、インスタントな方法で不安を解消しようとした結果、マウント行為を働いてしまいます。

たとえるなら、**マウントを取る行為は、徹夜明けでしんどいときにエナジードリンクを飲んで眠気を誤魔化すようなもの**です。時間が経つと効果が切れ、気絶しそうに眠たくなりますが、再びエナドリを投入して誤魔化します。そして、切れたらまた投入。そんなことを繰り返しても根本的な眠気の解消にはなりませんよね。エナドリを飲むくらいならさっさと寝ましょう、という話なのです。

マウントもこれと一緒です。**マウントを取るのは、不安を誤魔化すためにできる一番簡単な方法**です。なんの努力もせず、相手より自分が優位にいると思い込めるからです。しかし根本的にはなにも変わっていないので、またすぐに不安な気持ちが頭をもたげてきます。だから何度でも人はマウント行為を繰り返すのです。

マウントは、取っても取られても、誰も幸せにならないのです。

回避したけりゃ演技力を磨け

マウントを取るとき、人は手近な誰かをターゲットにしがちです。

同僚、後輩、取引先、友人、家族などのなかから、**自分と同じくらいか、少し下の人間をターゲットにする**のが定番です。

露骨な言い方をすると、**「見下しやすい人」をターゲットにする**のです。

だって、メジャーリーガーの大谷翔平《おおたにしょうへい》選手にわざわざマウントを取りにいく人はいませんよね？　元プロバスケットボール選手のマイケル・ジョーダンや、キング・オブ・ポップのマイケル・ジャクソンが隣にいたとして、マウントを取ろうと思う人はまずいないでしょう。少なくとも、とよかわには恐れ多くて絶対に無理です。

つまり、人は自分より圧倒的に強い人間や上位にいる人間に対しては、そもそもそんな気持ちにはならないのです。

だって、威嚇したって返り討ちにされることは目に見えていますからね。

では、どのような人がターゲットにされやすいのか？

性格や人柄でいうと、次の特徴にあてはまる人です。

・優しい
・ボディーランゲージが多い
・相槌《あいづち》をよく打つ
・リアクションが大きい

「つまり、聞き上手な人ってことやないの？」と思いましたよね？

その通りです。**人の話に優しく耳を傾け、ていねいに反応してくれる聞き上手な人は、いい、悪いではなく、マウントを取られやすい傾向があります。**

優しさゆえに、「敵対してこない」と思われるからです。また、リアクションが大きいので、マウントの取りがいがあるのでしょう。

「自分、結構あてはまってるかもしれへん……」と思った人も、絶望することはありませんよ。マウントを取られにくくなる方法が、実はあります。

簡単なことです。

先に紹介した特徴と反対の振る舞いをすればいいのです。具体的には、**ボディーランゲージや相槌は少なめにして、リアクションも小さくすればいい**のです。

マウントのターゲットにされやすいような人は、「人間とはみんな優しく、平和を望んでいる」と心から信じている、穏やかな考え方の持ち主がほとんどです。特に、なにか対策や努力をしなくても、人と人の問題は平和的に解決できると信じているため、無防備な状態で人と接しやすいのです。

そのような生き方にはとよかわも心から共感しますし、人とは本来優しいものであると信じています。しかし実際のところ、疲れていたり、人生がうまくいっていなかったりしてツンケンしている人間は思っている以上にいます。そのような人は相手がどのように感じるかなどは気にせず、自分の一時的な欲求を満たすために平気で相手を傷つけてきます。

マウントを取られやすい人は、そのような現実を頭の片隅に置いたうえで、人との会話中に、あえて頷《うなず》かなかったり、ボディーランゲージを取らなかったり、相手に共感している様子を見せない演出をすることで、マウント被害をある程度減らせます。

このような話をすると、「それって性格が悪い人間になれってこと？　自分はそんな人間にはなりたくない」と抵抗感を抱く人もいるでしょう。

もちろん、その気持ちはよく理解できます。しかし、とよかわは、性格の悪い人間になることを推奨しているわけではありません。あなたの優しい性格を変えるのではなく、「マウントを取られにくいように演技しましょう」と提案しているのです。

「人は優しい生き物」だと、とよかわは思っています。しかし、状況によっては、イライラしたりツンケンしたりしているときは誰にでもあります。そのときに、**マウントのターゲットに選ばれないためには、「演技力」も必要**なのです。

マウント取る人 消す魔法

演技力を磨くことでマウント被害は多少減らせますが、一切なくなるかといえば、残念ながらそうではありません。**ある意味、マウントとはもらい事故みたいなものであり、人とかかわる限りは必ずついて回ります。**

しかし、**マウントを取られたとしても、そのダメージを最小限にすることはできます。**

それが、「マウント取る人 消す魔法」です。

それではいよいよ、本書のメインコンテンツといきましょうか。

といっても、ここまで読み進めたあなたなら、今回の魔法はそんなに難しいものではありません。第1章で紹介した脳内のスポットライトの仕組みと、第2章で紹介した相手の正体を見破る方法を理解できていれば準備は万全です！

さっそく、「マウント取る人 消す魔法」のやり方を紹介しましょう。

今回も、簡単過ぎて驚かないでくださいね。

マウントを取る人を消す魔法、それは、**「マウントを取ってきた相手を観客席から眺め**

てエールを送る」ことです。

たったこれだけで、マウントを取る人は消えてしまいます。

「えぇ？　観客席？　エール？　どういうことやねん？」と思った人も安心してください。順を追って説明していきますからね。

誰かからマウントを取られてイライラしたり傷ついたりしたら、まず、**「あっ、マウント劇場のはじまりや！」**と考えてください。

そして大事なのは、**あなた自身がその劇の登場人物にならない**ことです。相手のマウント劇場の登場人物は、マウントを取ってきたその人だけです。イメージとしては、ひとり舞台ですね。舞台には、その人しか登場人物はいません。

では、あなたがどこにいるかといえば、それは観客席です。

そうですね、**2階の観客席から舞台を眺め下ろしているようなイメージ**がいいですね。

観客席の椅子の背もたれに悠々ともたれかかったあなたは、こう考えます、**「マウント劇場、頑張ってはりますなぁ。ええことですわ」**。

以上が「マウント取る人　消す魔法」です。

「えっ、それで終わり？　そんなんでマウントを取る人が消えてくれるわけ？」と思いました？

大丈夫です、ちゃんと消えます。「舞台」や「観客席」云々《うんぬん》は、もちろんあなたの頭のなかのイメージですよ。マウントを取られて嫌な思いをしたら、すかさず頭のなかでこのマウント劇場をイメージしてください。それだけで、マウントを取ってきた相手の存在はあなたの頭のなかですでに限りなく小さくなっています。

なぜなら、この時点で、もうメタ認知ができているからです。

「メタ認知ってなんやったっけ？」と思った人もいますよね。少しだけおさらいしておきましょうか。マンションの2階や3階から1階を見るイメージでものごとを捉えること、言い換えると、一歩引いてものごとを見ることを、「客観的に見る」「メタ認知」と呼ぶのでした。

つまり、**マウント劇場の2階の観客席から舞台を眺め下ろすイメージができれば、メタ認知ができている**のです。そして、このような脳の使い方は、トカゲ脳から人間脳へと脳の活動の場所を移すことでもありましたよね。激しく興奮していた頭のなかが鎮まり、トカゲから人間に進化できるのでした。

つまり、イライラが自然と収まるのです。

また、「エールを送る」という点も、実はポイントです。

「嫌いな人を消す魔法」でも、相手の幸せやゴールを考えているうちに、自然と脳が自分自身を主語にして考えてくれるとお伝えしましたよね。ここでも同じように、相手にエールを向けているつもりでも、脳はあなた自身にエールを送っていると認識してくれます。

つまり、脳内のスポットライトがあなた自身にフォーカスすることで、自分のことに対してカルピスの濃度が濃い状態になるのです。

すると、**自分の欲や幸せに集中した、自分専用のトカゲになれますので、もはやマウントを取ってきた相手のことは脳内からすっかり消え失せ、どうでもよくなります。**

具体的な例を紹介しましょう。

とよかわが会社員時代、ネチネチと仕事にダメ出しをしてきて理不尽なやり直しをさせる上司がいました。「とよかわくん、この資料は全然ダメ。すぐにやり直して！」なんていってくるわけです。夜中に仕事のメッセージを送ってきたり、言外に長時間労働を求めてきたりして、とよかわのメンタルはどんどん追い詰められていきました。

この頃のとよかわは、まだ「マウント取る人 消す魔法」をマスターしていなかったので、この上司のマウントが気にならなくなるまでには結構な時間が必要でした。しかしあるとき、この上司が取引先に「夜中まで仕事を頑張ってますアピール」をしているのを見て、「あ、単に取引先に気に入られるためにこんな仕事の仕方をしているだけなんやな」と、**上司の目的やゴールに気づいた**のです。その瞬間、**「なんや、敵やないやん」**とわかりました。なぜなら、取引先に喜んでもらいたいのはとよかわも一緒だからです。実は、上司と僕は同じゴールを目指していたわけです。

そこを理解できると、その上司が一生懸命働く理由は家族に養育費を払うためであることにも思いが至りました。また、もともとその上司は別業界出身の人で、業界歴の長いとよかわに対する敵対心から、マウント行為を働いていることにも気づきました。

とはいえ、仕事のやり方にケチをつけられたり、夜中に仕事の連絡を寄こされたりするのは困りますよね。そこで、その上司と同じ会議になるべく出ないようにしたり、オフィスでもできるだけ離れた場所に座ったり、連絡への返信の間隔を空けたりと、少しずつ距離を取ることを意識したのです。

また、それまで上司に対してイライラしたりプリプリしたりしていた時間や、実際にその上司に対応するために使っていた時間をすべて取引先との仕事にあてるようにしたところ、どんどん仕事で成果が出るようになっていきました。

すると、取引先に喜んでもらうことを目的にしていた上司は、とよかわになにも文句をいってこなくなったのです！

このように、マウントを取ってくる相手の目的や正体がわかってしまえば、気持ちは一気に冷静になります。コツは、**「そもそもマウントを取ってくる人はちっちゃい奴だ」**という前提でいることです。

実際に口に出すのはおすすめしませんが、とよかわはマウントを取ってくる相手のことを**「ハムスターさん」「枝豆さん」「スルメイカさん」**などと心のなかで揶揄《やゆ》しています。

マウント劇場の舞台でちっちゃいハムスターがひとりでキーキーいっている様子を想像すると、なんだか笑えてきませんか？　腹が立つというより、むしろ、可愛らしくて微笑ましいですよね？

それでいいんです。**自分がすべき努力を放棄して欲求をインスタントに満たすために平気で人を傷つける奴のことは、心のなかで笑い飛ばせばいいんです。**

そんな人のことは放っといて、自分の幸せに集中しましょう。

あくまでも観客に徹する

「マウントを取られたときの気持ちの整え方はわかったけど、実際になんて返事すればいいん？　無視できないときもあるやん？」と思う人もいますよね。

任せてください。具体的な切り返し方もばっちし用意してありますからね。

ただし、最初にこれだけは覚えておいてください。

「なんのために切り返すのか」がいかに大事であるか、ということです。

正直、マウントを取ってきた相手への切り返しはいくらでもバリエーションがあります。ですが、実のところ、**どんな言葉を返すかはどうでもいい**んです。**大事なのは、「なにを目的に、その言葉を相手に伝えるのか」**です。相手をなだめてその場をしのいで済ませるのか、あるいは向き合って話し合うのか、それはあなたが「どうしたいのか」「どんな人生を送りたいのか」次第です。

あなたが自分の人生に集中するのが大事なのであって、うまい返し方をしたり、相手を打ちまかしたりすることが大事なのではありません。

あわよくば返り討ちにしてやろうと考えはじめてしまうと、マウント劇場が成立しません。あなたまでもが劇の登場人物の一員になってしまうからです。「なんて切り返したら効果的かいな?」と考えた瞬間、戦いのゴングが高らかに鳴ってしまうのです。

マウントを取る人間は、人間モードではなくトカゲモードになっています。不安からくる「身を守りたい」という欲求に駆られている状態であり、爬虫類脳に支配されているのです。そのような相手にまともに向き合うことは、あなた自身もトカゲモードになることを意味します。これでは意味がありませんよね。

そんなわけで、マウントを取ってきた相手への切り返しに心を砕く必要はありません。下手をすると、劇の登場人物になってしまいますからね。

もっともいいのは、その場からなるべく早く立ち去ること。それが難しければ、機械的に定型文を返すだけで十分です。

そうはいっても、なんと返せばいいのか思いつかない人もいますよね。大丈夫です。マウントタイプ別の切り返し方をばっちし用意しておきました。

相手がマウントしてきたら、この通りに返してみてください。そして、さっさとその場から離れちゃってください。

マウントタイプ別の切り返し例

マウントタイプを3つに分け、それぞれの強さとマウント例、切り返し用の定型文を用意しました。

あなたにマウントを取ってくる相手に合わせて使ってください。

マウントタイプ1　ストレス発散型〔相手の強さ　レベル★〕

マウント例

・「うちの子、○○幼稚舎なの。もう九九がいえるのよ」

・「店員なのに、商品のこともよくわかっていないのか。どんな教育をしているんだ、この店は！」

切り返し例

・「そうなんですね、凄いですね！」
・「承知しました、気をつけます」
・「勉強になります」

解説

「マウント」という言葉で、もっとも連想しやすいタイプです。あからさまな自慢や八つ当たり、理不尽なクレーム、説教などでマウントを取ってきます。

特徴は、**不特定多数の人に対して発動する**ところです。知り合いのみならず、店員やタクシーの運転手、駅員など、**自分が偉そうにできる相手なら誰にでも発動**します。それこそ、大声で怒鳴る人もいます。

このタイプのマウントはシンプルなので見破りやすく、マウントレベルとしてはたいしたことがありません。いってしまえば、理論武装をしていない、弱いトカゲさんです。日頃のストレスや鬱憤を晴らすために自慢したり攻撃したりして、相手の優位に立とうとしているのです。

このタイプに出くわしたら、**隙を見てさっさと逃げるのが一番**です。波風を立てずに速やかに離れられるよう、切り返しも下手《したて》に出ておくのが無難です。

なお、相手が大声を出すなどしている場合は、相手の目をまともに見るとますます興奮させてしまいます。動物と目が合うと攻撃してくるのと一緒ですね。なので、**相手の眉間のあたりを見るようにしましょう。**

また、人間は息を吸っているときに体が緩んで無防備になりやすいので、**相手がまくしたてているタイミングに合わせて息をゆっくり吐く**ようにすると、ダメージを最小限に抑えることができます。

マウントタイプ2　悲劇の主人公型〔相手の強さ　レベル★★〕

マウント例

- 「〇〇さんが嫌がらせをしてきて、まったく仕事が進まなくて困っています」
- 「〇〇社にいたのに、こんなことも知らないの？　意外とできないんだね」

切り返し例

・「そんなふうに思っていたんですね」
・「そういう考え方なんですね」
・「それってつまりどういうことなんですか？」

解説

このタイプのマウントは、**特定の相手に対して発動します**。パワハラや嫌がらせに近いイメージですね。特徴は、**演技力がある**ことです。さもあなたが悪いかのようにいったり振る舞ったりして、**悲劇の主人公になり切って周囲を味方につける**ことも少なくありません。大袈裟にいったり、嘘をついたりすることもあります。まわりを巻き込みがちな点ではかなり厄介でしょう。

マウントタイプ1に比べるとレベルの高いトカゲさんではありますが、冷静に対応しましょう。無理に誤解を解こうとしたり言い繕ったりすると、それこそ相手の思うつぼです。相手は**あなたを貶めることやまわりに同調して共感してもらうことで自尊心を満たしています**。ここは淡々と、「そんなふうに思っていたんですね」「そういう考え方なんですね」といって、放っておきましょう。

実のところ、この切り返しはかなり強力です。なぜなら、「人の数だけ真実がある」ことを言い換えた言葉なので、相手が言い返しにくいからです。同時に、「見透かされている……?」と動揺させる心理効果も期待できますので、トカゲさんはそれ以上ものをいいにくくなるでしょう。

また、「それってつまりどういうことなんですか?」も、トカゲさんが返答に困りやすくなるのでおすすめです。トカゲさんも、まさかそのように切り返されるとは思ってもいないので、動揺した挙句、「だ、だから、○○さんが嫌がらせをしてきて困ってるっていってるんですってば」など、さっきと同じことを繰り返しがちです。なお、この切り返しは相手と向き合う感が少し強くなるので、パートナー、家族、親族など、これからも関係を続けないといけない相手に対して使うといいでしょう。相手が「つまりどういうことか」を考えるうちに人間モードに戻り、「なんや、ちょっと大人げないことしてもうたかも……」と我に返ってくれたら理想的ですね。

一度で撃退できるとは限りませんが、**何度も同じ切り返しをしているうちに、まわりの人がマウントトカゲの正体に気づいて冷静になっていきます。**そうなるとトカゲさんは都合も居心地も悪くなり、マウントのターゲットを別の人に切り替えてくれるはずです。

マウントタイプ3　演技力MAX型〔相手の強さ　レベル★★★〕

マウント例

・「SDGsの観点からいえば歓送迎会なんてものは社会の毒でしかなくて、いまこの瞬間にも数多の資源がウンタラカンタラ」

・「AIの台頭によって我が社の生き残りはDXがもたらすインタラクティブな未来の実現にかかっています。そういうドラスティックな施策とコミュニケーションをASAPでローンチするのがウンタラカンタラ」

切り返し例

・「そうなんですね、凄いですね！」

・「いま、どれくらい進んでいるんですか？　今年の予定とか聞いてもいいですか？」

解説

正義や大義名分を笠に着て、ハリウッド俳優ばりの演技力でマウントを取ってくるのがこのタイプです。一見、主張していることは間違っていないので「あ、これ、マウントや」と気づくのが難しいかもしれません。そのような意味では、最強のトカゲさんといえるでしょう。

社会体制、政治、SDGs、貧困、課題解決、社会の流れなどをテーマにところかまわず演説を炸裂《さくれつ》させるのが特徴で、本物の社会活動家との違いは、**「空気を読まない」「実際にたいして行動していない」**ところにあります。

正義や大義名分を重ね着しまくった最強エリマキマウントトカゲさんは、**「いま、その話って必要？」とつっこみたくなるようなシチュエーションで、ゴールのない話を饒舌《じょうぜつ》に喋《しゃべ》りまくります**。

横文字やカタカナ語、難しい用語を多用しがちな傾向もあります。まわりはうんざりしつつ、なんとなくその話を聞き続けることになります。

このようなトカゲさんには、「そうなんですね、凄いですね」と**いったん下手《したて》に出ておいて、隙を見て逃げるのが一番**です。しかし、飲み会の場や会議中などはそうもいきませんよね？　そこで、あえて向き合うのもひとつの手です。

「達成率はどれくらいですか？」「いつ頃、実現しそうですか？」「最近はどんなことをされましたか？」など、トカゲさんの**活動内容や貢献度を具体的に聞くのがポイント**です。

というのも、このタイプのトカゲさんは「具体的なこと」や「数字」がとても苦手です。

やるべきことから目を逸らし続けてきた結果、自分に自信がないからこそ、正義や大義名分を笠に着ているわけです。

具体的な話に言が及ぶと、トカゲさんは内心うろたえます。だって、人に説明できるほどのことをしていないから当然ですよね。多少は活動していたとしても、口に出してみるとその規模の小ささに気づいて自分で恥入ってくれます。

そうなれば、トカゲさんはすっかりおとなしくなるでしょう。

気をつけろ！　トカゲはどこにだって出現する

とよかわも、これまでにたくさんのマウントトカゲさんに出会ってきました。「マウント取る人　消す魔法」の項で紹介した上司はマウントタイプ2の悲劇の主人公型でしたが、マウントタイプ2とマウントタイプ3の合体型の上司にも出会ったことがあります。

その上司はとにかく話が長く、その人が会議に出席するだけで通常の3倍は時間がかかり、しかも話に筋が通っていないため、出席者全員がいつも迷子になって困っていました。

専門用語やカタカナ語を駆使して、さも偉そうにまくしたてるのですが、中身がからっ

ぽで……結局なにがいいたいのかまったくわからないのです。

最初の頃は「えらい気持ちよく喋ってはるなぁ」と思っていたのですが、毎度の会議でこの調子なので、「もういい加減にしてくれ！」とどんどんイライラが募っていきました。

業を煮やしたとよかわは、意を決し「今回の会議の目的はなんですか？」「いつまでになにをしたらどんな成果が手に入るのか教えてください」と聞いてみました。要は、具体的なことを聞いたわけです。すると、その上司はろくに答えることができず、モゴモゴと気まずそうにするばかり。簡単に、化けの皮がはがれました。

一方、その上司は子どもを育てるために必死に働いていることもわかりました。いい、悪いではなく、単に社会人としての経験値が足りなかったのでしょう。そう考えると、人**それぞれの未熟な部分にいちいち目くじらを立てる必要はない**のだなと、とよかわは気づきました。

その上司はそれ以来すっかりおとなしくなりましたが、結局、その会社で活躍することはできず、転職していったのでした。

また、とよかわの生徒さんにも、お姑さんにマウントを取られてつらい思いをしている女性がいました。嫁ぎ先の義実家は事業を営んでおり、その女性は育児の傍ら、その会社の手伝いをしていました。

とにかくお姑さんからのあたりが強く、夜中に資料の作り直しをさせられたり、よくわからない話し合いに呼び出されたりと、理不尽な無茶振りに振り回される日々だったといいます。

社長だった義父が引退して事業の売り上げが落ちはじめると、「このままだとまずいですよ」と彼女が進言しても、「頑張るのは取引先だから」「むかしからこのやり方でうまくいってきたんだから」とお姑さんは聞く耳を持ってくれなかったそうです。

彼女はストレスのあまりアルコール依存症になりかけ、うつ症状も出ていましたが、「マウント取る人 消す魔法」を知ってから、お姑さんの理不尽な振る舞いの正体に気づきました。

義父が引退するまで、お姑さんは社長夫人として周囲にちやほやとされて何不自由なく暮らしてきました。つまり、なにも努力することなく社長夫人としてちやほやされる状況が彼女のコンフォートゾーンなのです。だから、状況が変わったにもかかわらず、お嫁さんの進言にも耳を傾けないし、自分でなにかをしようともしないのです。

そこに気づくと、「なるほどね。まぁ、もう70歳も超えているし、お姑さんの気持ちもわからなくはない」と思えるようになったと女性はいいます。とはいえ、お姑さんにはお姑さんの優先順位があるように、その女性にもその女性の優先順位があります。

「なんでもかんでも、『わかりました』と聞いているわけにはいかない」と気づいた女性は、「お義母《かあ》さん、いってることはわかります。ただ、具体的にどういうことなんですか？　なにをやればいいんですか？」と投げ返すことができるようになりました。あるときには、あまりに理不尽なことを義母がいってきたため、**「お義母《かあ》さん、わたしは魔法使いちゃいますよ」**と言い返したところ、お姑さんが押し黙ったといいます。

いま、その女性はアルコール依存症もうつ症状も改善し、家業とは別に自分でも起業して、人生を謳歌《おうか》しています。

選択肢を持って主体的に生きる

ここまで紹介してきた魔法や切り返しを駆使しても、マウントを取るのをなかなかやめてくれない人もいるかもしれません。そうであるなら、その相手はなかなかの強敵です。

あまりに酷い場合は上司や人事部、公的機関などに相談するのも手ではありますが、環境を変えられない場合は、**あきらめずに定型の切り返しを続けてみてください。**

しょせん相手はトカゲモードなので、たいしたことはできません。小さい子どもが筋の通らない駄々をこねたときに「はいはい、わかりましたよ～」「はいはい、〇〇しましょうね～」などと大人が軽くいなすように、なにも考えずにノールックで対応するのが正解です。会社の業務でも、月初に必ずやるべき事務処理がありますよね？　それと同じ感覚で淡々と対応すればいいのです。そのうち相手はあきらめるか、飽きて他の相手を見つけてくれるでしょう。

このような対応は俗にいう「スルー」と限りなく近いですが、スルーするにしても、「なんのためにスルーするのか」はとても大切です。マウントの切り返し方についてお伝えした際に、「なんのために切り返すのか」が大事だと伝えたように、**目的を持ってスルーすることが大事**なのです。

ただスルーし続けるだけだと、うっすらとした拷問を永遠に受け続けているような心境になることがあります。これは、目的なくスルーしているからです。そうではなく、**「自**

分はトカゲやなくて人間でおりたいから、マウント劇場の登場人物にはならんぞ。自分のゴールに集中するねん」と確固たる意志を持ったうえでスルーしてください。

要は、**「納得感」が大事**なのです。**「自分で選んでいる」という納得感があれば、人は多少の困難にへこたれることはありません。**

また、やっとその人のマウントが収まったと思ったら、今度は別の人がマウントを取ってくることもあります。「やれやれ、今度はこいつかよ……」とうんざりしそうになるかもしれませんが、まぁ、人生なんてそんなものです。

マウントは、いい、悪いではなく世の中にあたりまえのようにあるものであって、いってみれば雨みたいなものです。「雨よ、降るな〜、絶対に降るなよ〜!」と祈ってもどうしようもないですよね?

どうしようもないことに意識を向けているよりも、「雨が降りそうだから傘を持って行こう」「雨予報だから、外出の予定は別の日に設定しよう」など、自分のなかで選択肢をいくつも持つことを優先するのが賢明です。

避けられない理不尽のなかに身を置き続けることは大変な苦しみですが、選択肢を持つ

ことで、主体的に生きることができます。

選択肢を持つことがいかに生き物にとって重要かを証明した実験があるので、紹介しておきます。

アメリカ心理学会会長だったマーティン・セリグマン博士が1967年に行った実験では、犬を2グループに分けて、電気ショックの与え方を変えました。片方のAグループの箱では犬が自分でボタンを押すと電気ショックが止まるようにし、もう片方のBグループの箱ではなにをしても電気ショックが止まらないようにしました。

その後、そのふたつのグループの犬を別のスペースに移し、今度はそのスペースを低い柵で半分に区切りました。片側のスペースは電気ショックが流れている状態に、もう片側のスペースは電気ショックが流れない状態にしています。

すべての犬は、最初は電気ショックが流れているスペースに置かれます。すると、このスペースに来る前にAグループにいた犬は、電気ショックを避けようとあれこれと動き回り、柵を飛び越えて電気ショックのないスペースに移ることができました。

ところが、Bグループにいた犬は、電気ショックが流れても動こうともせず、ひたすらじっと耐えているだけだったそうです。

つまり、Ａグループにいた犬が「電気ショックを止める方法があるはず」と学習したことで苦痛を避けるための試行錯誤をしたのに対し、Ｂグループにいた犬は「電気ショックは止められない」と学習していたために、行動する気力を失っていたのです。

このような認識の仕方を**「学習性無力感」**といい、環境や状況に対する行動を左右します。平たくいえば、**選択肢のない困難な状況に長く置かれると、無気力になり、状況を変えるための行動ができなくなってしまう**のです。

理不尽なマウントをなにも考えずにスルーし続けたり、ただ耐え忍んだりすることは、あなたのためにも、相手のためにもなりません。

マウントをこの世からなくすことはできませんが、マウントを軽やかにかわしたり、ダメージを最小限にとどめたりするための方法はたくさんあります。

ここまで紹介してきた魔法や切り返し定型文など、みなさんには**「自分の人生に集中する」という明確な意志を持って、これらの選択肢を携えてほしい**と願っています。

「やっちゃった……」と気づいたら

ここまで読み進めてきて、「自分も無意識のうちにいっぱいマウントを取っているかも」と不安になった優しい人もきっといますよね？

その自覚があれば、相手にクリティカルヒットするマウント攻撃はしていないはず……といいたいところではありますが、実際のところはわかりません。なぜなら、相手の状況や受け取り方によっては、なんてことのない世間話もマウントだと受け取られてしまうことがあるからです。

寝不足で疲れているときや、仕事が立て込んで脳がパンクしそうなときなど、脳が「生命維持を脅かされている」と感じていると、まわりの人を嫌いになりやすいとお伝えしましたよね。普段なら気にならない相手の言葉に悪意を読み取ってしまったり、敵意を感じたりして、相手の意図にかかわらず、勝手に「マウントを取られた」と感じてしまう可能性があるのです。

つまり、**誰もが、マウント加害者になることを避けられない**のです。

そうであるなら、**「マウントを取ってしまったらどうしよう」と悩んでもあまり意味はありません。**どんなに気をつけても相手のコンディション次第でマウントと判断されることがある前提で、コミュニケーションを取るほかないのです。

もし、**相手が傷ついた顔をしたり、悲しそうにしていたりしたら、そこはもう2秒で謝りましょう。**秒速、いや、光の速さで謝りましょう。

「そんなつもりやなかったけど、傷つけてしまったなら本当にごめんなさい」って謝ればいいのです。そして、「次からは〇〇します」と改善案を伝えられればなおいいですね。

要は、誠実であることです。

人の数だけスポットライトと優先順位があれば、人と人のコミュニケーションには必ずリスクがあります。思っていることが正しく伝わらないかもしれないし、誤解されてしまうかもしれません。傷つけてしまうかもしれないし、傷つけられるかもしれません。

でも、それを気にし過ぎていたらまともなコミュニケーションを取ることができません。リスクを恐れて積極的なコミュニケーションを避けていたら情報交換もできませんし、おしゃべりも楽しめませんし、視野や価値観を広げることもできません。

コミュニケーションには、リスクがあるのは確かです。

だったら、その**リスクを負って正々堂々とコミュニケーションを取ればいい**んです。**人とかかわる醍醐味《だいごみ》は、リスクなしには手に入りません。**

「それはわかったけどさ、マウントになりにくいテクニックとか、なんかあるんやないの？　とよかわさん、頼みますよ」と声が聞こえてきました。

わかりました！　そんなわがままな人のために、ちょっとだけコツを伝授しましょう。

一対一で話しているときに効果的なのは、会話の折々で**「自分は現時点ではこう思っているけど、あなたはどうですか」**と差しはさむことです。あなたの意見は固定的なものではなく、相手の意見を聞く準備があることを示すのです。**敵ではない姿勢を示すことができれば、「マウントを取られた」と思われる可能性を少なくできます。**

また、会議や講義など、複数人に向けて話すときは、**「ここまでの内容は大丈夫そうですか？」**などと問いかけると、全員を気遣っている姿勢を見せることができます。

要は、**相手を置いてけぼりにしないことが大事**なのです。よくわからないまま一方的にまくしたてられると、「マウントを取られた」と感じやすいのは、みなさんも経験上なんとなく理解できますよね。

「相手の気持ちに寄り添う」というと、あまりにありきたりのことに聞こえますが、要は、そういうことです。

目の前の人をしっかり観察し、相手の幸せや優先順位を想像したうえで発言することは、人とうまくコミュニケーションを取るうえで欠かせません。

悪用厳禁！　マウントの平和利用

本章の最後に、意外な話をしてもええですか？

ここまで、マウント行為を「嫌なもの」「できれば避けたいもの」という文脈で話してきましたが、実は、**マウントをうまく活用し、コミュニケーションをスムーズにする術**があります。

いうなれば、**マウントの平和利用**です。

マウント行為とは、相手より自分を優位に置く言動のことでした。別の言葉でいうと、相手を自分の支配下に置く行為です。この技術をうまく活用すると、場を上手にコントロールできるようになります。

例えば、次のような状況に陥って困ったことはありませんか？

・後輩や部下にビシッといいたいけど、パワハラだと思われるのが怖い
・会議で参加者がバラバラに発言して収拾がつかず、時間通りに進まない
・話し合いで誰も発言してくれなくて場が盛り上がらない

「こういうとき、ある、ある。でも、マウントしたら余計に悪化しそうやん？」と思ったかもしれません。そうですよね。「マウントは悪いもの」と思っていたら、そう感じるのも無理はありません。

でも実は、**マウント技術は使いよう**なんです。**相手を傷つけることなく自分の支配下に置くことによって、このような状況でも場がうまく回る**ようになります。

まず、一対一のシチュエーションでやってほしいのは、話の最初に**「あなたは大切な人**

なので、少し厳しい話もします」と添えることです。

「えっ、それだけ？」と思われたかもしれませんが、本当にそれだけです。それだけで、**配慮することに気を取られ過ぎず、いうべきことをきちんと伝えられる**ようになります。

なぜかといえば、**本来であれば傷つくような言葉も「自分のためにいってくれている」というマインドセットで相手が受け取ってくれる**ようになるからです。

マウントを取られたくないと思っている相手にマウントを取るから、嫌がられるのです。上から目線の発言をすることを事前に伝え、許可を取っていれば、多少強い言い方をしたとしても「マウント行為」とは受け取られません。

むしろ、「こんなことをいってくれて、ありがたい」と思われる可能性だってあります。

次に、会議や話し合いの場など、不特定多数に向けてのシチュエーションについてです。

この場合のコツは、**話の最初に「ルール」を伝える**ことです。ただし、**ひとつだけでなく、複数のルールを設定**してください。いくつ用意しても構いませんが、重要なのは、**はじめのほうは誰でも簡単に守れるものにして、重要なものを後ろに持ってくる**ことです。

次のように伝えられるといいですね。

「今回の場をいい時間にしたいと思うので、最初にルールを5つお伝えしますね。まずひとつ目は、『居眠りをしない』です。ふたつ目は、『おなかがすいてもここでハンバーガーを食べたりしない』です。3つ目は、『聞きたいことは質問タイムに発言する』です。4つ目は、『発言の際は手を挙げる』です。最後の5つ目は、『ワークにきちんと取り組む』です。よろしくお願いしますね！」

こんな感じです。ふたつ目は冗談としても、前半のルールは常識的な内容であり、守るのが簡単であるのに対し、後半になるにつれて少し難易度が上がっているのがわかりましたか？

これは、**最初に簡単な要求を承諾させ、だんだんと要求のレベルを上げていき、最終的に本命の要求を承諾させる手法**で、心理学で「フット・イン・ザ・ドア」と呼ばれるテクニックです。

営業やセールスでよく利用されており、訪問販売の際に、「ほんのちょっと、お話だけでも！」と玄関ドアに足先を挟み込むことに由来してネーミングされています。

実は、人には一貫していたい心理があり、何度か「イエス」を繰り返した後に、急に

「ノー」を示すのは心理的ハードルが高くなるのです。

その心理を利用して、最初は簡単な要求からスタートして「イエス」をいわせ、後半で本命の要求を突きつけるわけです。

話を元に戻しますね。不特定多数に向けてのシチュエーションで、最初に場のルールを伝えるか否かで、場の進み方は明らかに変わります。

ノールールの無法地帯だとなかなかうまくいきにくいのは、場の支配者が誰であるかが明確になりづらいからです。**あなたが決めたルールを最初に示すことで、場のコントローラー（支配者）があなたであることを、明確にする**作戦です。

これは相手の優位に立って見せる意味で、マウンティング以外のなにものでもありません。でも、不快な思いをする人はいませんよね？　あなたがマウントを取って場をコントロールすることで会議や話し合いがスムーズに進むのですから、全員にメリットのある素晴らしい方法なのです。

また、**物を使って物理的にマウントを取るテクニックもあります。**

人と向かい合って話をしているとき、テーブルの上にあるコップや書類、筆記用具などを相手の側へ少しずつ寄せていくことで、あなたの〝陣地〟を広げていくのです。

あからさまにやってはいけませんよ。だって、不自然ですからね。コツは、例えばコップを手に取って水をひと口飲んだ後にテーブルの上に戻すタイミングで、元々置いてあった場所よりもほんの数センチメートルだけ、相手側に寄せて置くのです。これなら相手に気づかれずに済みます。

自分側のスペースを広くするのは、いってみれば縄張りを広げるようなもので、**広いほうが狭いほうに対して心理的なマウントを取ることができます。**このテクニックは政治家などが国際間の交渉時などでよく使っています。ニュースなどで国際会議などが報道されるタイミングがあれば、テーブルの上に注目してみると面白いかもしれません。

ちなみに、物を使った心理作戦は、マウント防止やダメージ低減に活用することもできます。

あなたにマウントを取ってきて鬱陶しい人がいたら、その人との間になるべく「物」を挟むようにしてみてください。

例えば隣の席の人だったら、その人とのあいだにデスクの備品を置きます。向かい合って話しているときにマウントを取ってきたのなら、その人とあなたの真ん中にコップや食器、荷物などを置くのです。

すると、**「物」が心理的にも物理的にも「壁」の役割を果たしてくれる**ので、気持ちが楽になります。ただし、大切なのは、相手に気づかれないことです。できる限り、さりげなく物を動かすようにしてください。

いずれも、とても簡単で効果抜群の方法です。

マウントを取ったり取られたりすることを、過剰に恐れる必要はありません。

これからは、（平和利用を目的に）マウントを自在に使いこなしちゃってください！

Work マウントしてくるあいつに「あだ名」をつける

「そもそもマウントを取ってくる人はちっちゃい奴だ」とお伝えしました。しかし、なかなかそんなふうに相手のことを思えない人もいるかもしれません。

そこで、今回のワークでは、あなたにマウントを取ってくる相手に「あだ名」をつける練習をしてみましょう。

なぜそのような練習をしてもらうのかというと、あだ名をつけるには、相手をしっかり観察する必要があるからです。

相手の特徴、目的、ゴールなどを観察しなければ、ぴったりのあだ名はなかなかつけられません。そのように相手を冷静に観察しているうちに、あなたのなかのトカゲ脳はすっかりおとなしくなり、人間モードが復活してきます。

ちなみに、とよかわは、次のようなあだ名をつけたことがあります。

・強めのハムスター
・長生きしてるスルメイカ

・ビビりのおっさん48
・ヴィンテージばあさん
・エリマキトカゲ
・婚活中のクジャク
・パティシエ社長
・Mr・スキャンダル

コツは、相手の特徴をデフォルメすることです。特徴的な部分を誇張するわけです。面白いあだ名をつけることができると、心のなかで笑いが止まらなくなります。そうすると、ほとんどストレスを感じることがなくなります。

あなたの傑作ネーミング、期待していますよ！

Work Sheet

マウントを取る奴に
笑えるあだ名をつけよう！

第4章

強メンタルを手に入れる「ひとりごと」の魔法

一瞬で無敵マインドにシフトチェンジ

現代人が豆腐メンタルに悩むわけ

「ところで自分、なんでこんなにメンタルが弱いんやろ……」

そんなふうに思ったことはありませんか？　職場で嫌味をいわれたときや、上司にきつく注意されたとき、知り合いに失礼なことをいわれたときなど、なにか言い返したいのに体が震えて言葉が出てこなかったり、うつむいてしまったり。自分を情けなく感じたことは、誰にだって一度や二度は必ずあるはずです。

とよかわの生徒さんからも、「自分、豆腐メンタルなんです」とよく聞きます。やわらかく潰れやすい脆弱《ぜいじゃく》なメンタルということですね。

冒頭に挙げたシチュエーションの他にも、「体によくないとわかっているのに、夜中にラーメン食べちゃった」など、強い意志を持てないことに悩んでいる人もたくさんいます。

整理すると、「〇〇したい」と思っているにもかかわらず、そうできない自分に対して「メンタルが弱い」と悩む人が多いのです。**「〇〇したい」の意志があるにもかかわらず、体がいうことをきかなかったり、我慢できなかったりと、行動が伴わない状況を「豆腐メ**

ンタル」と呼ぶわけですね。

豆腐メンタルに悩む人が増えた理由として、とよかわには思い当たるものがあります。「スマホ」です。

現代に生きるわたしたちは、スマホと生活をともにしています。スマホには、メールやSNS、チャットツール、ニュースアプリなどから絶えず新着通知が表示されます。そのたびにわたしたちはスマホを手に取るので、なにかに「集中」することは簡単ではありません。

その結果、仕事ややるべきことがはかどらず、いつも忙しくしています。**自分のことをゆっくり振り返ったり考えたりする時間など、ほとんどない**人が大半でしょう。

実は、この状況がまずいのです。

なにがまずいのかというと、人は悩みや課題と向き合い、それを乗り越えることで精神的に成長していく生き物です。しかし、スマホによって四六時中集中が途切れると、自分と向き合ったり、じっくり考えたりする時間を確保しにくくなります。いい、悪いではなく、**精神的に成長するための時間を確保できないから、メンタルがやわやわのおぼろ豆腐**

状態のままなのです。

しかも、困ったことに、現実逃避の手段としてもスマホは大活躍します。ひとむかし前は居酒屋で飲んで騒いだり、カラオケでバカ騒ぎをしたりするくらいがせいぜいでしたが、いまはもっとインスタントな方法で現実逃避できてしまいます。

スマホに手を伸ばすだけで、刺激的な世界に瞬時に飛び込めてしまうのです。

悩みや課題と向き合い、それを乗り越えることで人は精神的に成長していくといいましたが、**自分と向き合うことは、正直、楽ではありません。**簡単に答えは出ないかもしれませんし、自分の嫌な面に気がつくこともあるかもしれません。そんなとき、ぐっとこらえて自分の内面と向き合っているよりも、スマホに手を伸ばしてＴｉｋＴｏｋでもぶちかましていたほうがよっぽど楽しいし、楽でしょう。

しかし、これでは、精神的に成長することはできないのです。

歴史を振り返ってみると、むかしの偉人には孤独な人が少なくありませんでした。例を挙げると、哲学者のカントや、哲学者であり数学者でもあったデカルト、そして、あらゆる分野に精通していた芸術家であるレオナルド・ダ・ヴィンチも孤独であったと伝えられています。

孤独だったからこそ、偉大な成果を残せたともいわれています。**孤独が人の思考を深め、精神性を育むのにひと役買ってくれる**ことは、間違いなさそうです。

情報社会を生きるみなさんに「孤独になれ」とまではいいませんが、**心を落ち着けて自分と向き合う時間を確保することの価値は大きい**と、とよかわは確信しています。

「豆腐クラブ」は入会禁止！

「まぁ、でも、現代人でスマホを使わない人なんてほぼほぼおらんし、ってことは、みんなメンタルよわよわなんやし、しょうがないといえばしょうがないよね？」と思った人も、きっといますよね。

わかりますよ、わかりますよ。でもね、「まわりもそういう人が多いし、しょうがない」と思い込むのは危険です。なぜなら、それは、**ぬるま湯の自己肯定**だからです。

「え？　ぬるま湯？　自己肯定って、ええことやんか」と思った人もきっといるでしょう。

「自己肯定感」という用語は、昨今ではとても使い勝手のいい言葉として多用されていま す。しかし実は、本来の意味はあまり知られていません。

というのも、「自己肯定」の言葉が最初に使われた1988年の論文の内容は、簡単にいうと、タバコをやめられない人たちの言動を研究したものだったのです。

タバコが体に悪いと知っていながらやめられない人たちは、「体にはよくないけど、その分タバコ税を払っているしね」などと、タバコをやめられない自分を正当化する傾向があったといいます。

つまり、**本来の「自己肯定」は、自分を正当化する**ことをいうのです。

大事なことなので、はっきりいいますね。

あとで対処法もちゃんと紹介しますから、傷つかんといてくださいね。

実のところ、**メンタルが弱いと自覚している人たちも、タバコをやめられない人たちと同じように自己肯定をする傾向があります。**

「傷つきやすいメンタルをどうにかしたいとは思ってる。意志と行動を一致させたいとは思ってる。でも、どうしてもアカン。だって、メンタル、豆腐やもん」

このようにつぶやくと、「わかる、わかる！　無理よな〜」「メンタル弱いのはどうしようもないねん」などと、メンタルの弱い人同士での同調がはじまります。「あの人、言い方きついねん。豆腐メンタルにも配慮してもらわんと困るわ」「意識高過ぎじゃね？　よわよわな自分らにはついていかれへん」などと、同じような人たちで共感し合い、慰め合って、徒党を組みます。名づけて、**「豆腐クラブ」**です。

この豆腐クラブの存在は、非常に厄介です。**あまりの居心地のよさに、抜けられなくなる**からです。そこには豆腐メンタルであることを責める人はいませんし、頑張ることを強要されることもありません。お互いの傷を舐《な》め合い、ぬるま湯につかっているだけで、なんとなく時間が過ぎていきます。

一方、傷つくことを恐れずに頑張っている人たちからすれば、豆腐クラブのメンバーはやるべきことを後回しにして自分の怠け癖を正当化している、「困った人たち」です。

豆腐クラブにいると、いい、悪いでなく、努力も行動もしなくて済むので、仕事上の能力や対人スキルも鍛えられません。結果、「仕事のできない人たち」になりやすく、自然

と、クラブ外の人たちからの評判は落ちていきます。そして再び、クラブ内のメンバー同士で慰め合い、正当化し合う、悪循環のスパイラルにはまりこんでいくのです。

メンタルが強い人は、人に嫌われることを恐れずに堂々と正論をいえるので、「正しいことをいってくれてありがとう」「本音を聞かせてくれて嬉しい」など、結果的に人に感謝されることが多くなります。

そのため、人間関係はいいものになりやすく、そうなると必然的に傷つく機会も減り、いつもご機嫌の強メンタルでいることができます。

豆腐メンタルと強メンタル、いい人間関係をつくれていい人生を送れるのはどちらでしょうね？　答えるまでもないですよね。豆腐クラブは入会したが最後、抜け出すのは至難の業です。くれぐれもご注意ください。

サイバーレジリエンスを鍛える

とはいえ、メンタルが弱いと悩んでいる人たちの気持ちも、とよかわにはとてもよくわかります。実は僕も、むかしからメンタルが強い人たちにずっと憧れてきたくちだからです。


状況やまわりの言葉に振り回されずに、受験やスポーツで結果を出せる同級生。

月初から月末まで一貫して走り続けて、売り上げ目標を達成する同僚。

いつ会っても穏やかで、冷静に客観的なアドバイスができる友人。

かたや、気持ちが乱高下して、すぐ具合が悪くなって、思うような結果を出せない自分……。「メンタルがもっと強かったら人生うまくいくのに」と、いつも情けなく思っていました。


そもそも、メンタルが強いとは、どういうことなのか？

ひとことでたとえるなら、**「筋肉痛が治るのが早い人」**です。

激しく運動すると筋肉痛になりますよね？　でも、しばらくすると治りますよね？　メンタルだって一緒です。ショックを受けたり凹んだりしても、しばらくすると回復します。

メンタルが強いか弱いかは、そのスピードが早いか遅いかの違いなのです。

つまり、**メンタルが強い人は、「傷つかない人」「凹まない人」ではないのです。「傷ついても、素早く回復できる人」**なのです。

そのような、メンタルの回復力のことを**「サイバーレジリエンス」**といいます。なんだかかっこいい名前ですよね。サイバーとは「情報空間」のことで、フィジカル（身体的）に対する内面的な意味を持つ言葉と思ってください。レジリエンスとは、「回復力」や「復元力」の意味です。ちょっと長いので、頭文字を取って、ここでは「サイバーレジリエンス」のことを「CR」と呼びましょう。

そして、この「CR」の程度（レベル）のことを、「レベルズ・オブ・サイバーレジリエンス（LoCR）」といいます。LoCRが高ければ高いほどメンタルが強く、低ければ低いほど豆腐メンタルになるというわけです。

「なにがLoCRの違いを決めるん？　生まれつきちゃうん？」と気になった人もいると思います。実は、意外とシンプルです。

違いは、「楽しみにしていること」の有無です。

LoCRが高い人、つまりメンタルが強い人には「楽しみな予定」がたくさんあります。

例を挙げると、仕事帰りのデートや、ご褒美のケーキ、推しのイベントへの参加などです。

内容はなんでも構いませんが、その人にとっては「目の前のつらいこと」「傷ついた原因」よりも、「楽しみな予定」のほうがよほど大事で注目に値すべきことなのです。

つまり、その人の脳内では**「楽しみな予定」にスポットライトが当たっているため、それ以外のことはカルピスが薄い状態で、たいして気にならない**わけです。

少し極端な例ではありますが、ナチスの強制収容所から奇跡的に生還してその体験を精神医学の観点から記した『夜と霧』の作者であるヴィクトール・E・フランクル氏も、収容所を出たあとにしたいことをずっと胸に秘めていたといいます。

収容所の仲間たちのなかには、希望を打ち砕かれたことで、結果的に命を落とした人たちもたくさんいたそうです。

人間は、未来に希望を抱くことができれば、生きる意味を忘れずにいられるのです。

「じゃあ、豆腐メンタルの人は楽しみな予定をどんどん入れればいいってこと？」と気づいた人もいますよね。そうなんです。端的にいえば、そういうことです。

ただし、言葉にするのは簡単ですが、実際問題、それが難しい人も少なくありません。

とよかわの生徒さんにも、まさにそのような女性がいました。ふたりいるお子さんはともに有名幼稚園へ通っており、パートナーのかたは経営者で、その人自身も上品で素敵なママさんです。しかし、本人にいわせれば「楽しいと思えることがない」のだそうです。

その理由は、子育てや家庭のことなど、まわりのことを優先し続けてきたために、自分のことをすっかり後回しにしてきたからです。その結果、自分がなにをやりたいのか、なんのために生きているのかがわからなくなっていたのです。

楽しみな予定を持つこと——つまり、**未来志向で生きるには、「自分がなにをしたいのか」がわかっている必要があります。**
そのためには、自分の内面と向き合うことが欠かせません。

体をケアすれば心は強くなる

「自分の内面と向き合える強メンタルがほしい。とよかわさん、どうしたらええの？　はよ、魔法教えてーな」

そんな声が聞こえてきそうですね。

大丈夫です、本章でも、ええ魔法、しっかり教えます。

ただ、その前にひとつだけ、大事な話をさせてください。というか、この話を聞いたら、魔法を使わなくても強メンタルを手に入れられる人もいるはずですよ。

ええですか？　大事なことをいいますよ。

実は、**体をケアしたら豆腐メンタルは回復します**。

体をケアするとは、そうですね、いま流行りのサウナで「整う」でもいいですし、軽い運動をして、ていねいに体を動かしてあげるのでもいいですね。もっと簡単でお金もあまりかからないやり方としては、「美味しいものを食べて、お笑い番組でも観て大笑いして、ゆっくりお風呂に入って、たっぷり寝ること」がおすすめです。

「え？　そんなことでこの鬱々としたメンタルが回復したら、世話ないわ」と思った人もいますよね。でも、本当にちゃんと「美味しいものを食べて、お笑い番組でも観て大笑いして、ゆっくりお風呂に入って、たっぷり寝ること」の一式をやってみた人、います？

ちゃんとこの一式をやっても、「この世の終わり」みたいな絶望メンタルだったり、「どないしょ、どないしょ」と、やわやわプルプルの豆腐メンタルだったりしたら、心療内科などで医学の面からケアしてもらったほうがいいと思います。しかし、豆腐メンタルに悩んでいるほとんどの人は、この一式をちゃんとやっていません。とよかわは、断言します。

「いやいや、とよかわさん、なんでそんなにその一式にこだわるのん？」と怪訝《けげん》に思った人もいますよね？

ええですか、また、大事なことをいいますよ。

実は、**「メンタル」と、「フィジカル（身体的）」は、同じもの**です。

心と体は、おんなじものなんですよ。同じなので、**体をケアしたら心をケアすることになります。**

そもそも、メンタルとかマインドというのは、精神や心のことですよね？　じゃあ、**精**

神や心ってなんなのかというと、「脳」の情報処理なんですよ。脳って、体の一部ですよね。つまり、体なんです。フィジカルなんです。出世魚みたいなもんです。ブリも成長前はハマチと呼ばれますが、結局は同じ魚ですからね。

「メンタル」や「マインド」を、人間の体から切り離して別枠で捉えている人も多いのですが、あくまでその一部です。**体が疲れていたり弱っていたりしたら、メンタルやマインドが弱るのは当然**です。だって、同じものなんですからね。

そして、同じケアをするにしても、メンタルやマインドより体のほうがアプローチしやすいのは間違いありません。メンタルやマインドは具体的なかたちがありませんが、体は物理的な対応が可能だからです。

なので、**メンタルが弱っていたら、メンタルよりも体にアプローチすればいい**のです。その一例が、サウナや運動や「美味しいものを食べて、お笑い番組でも観て大笑いして、ゆっくりお風呂に入って、たっぷり寝ること」なのです。

実際、体が疲れているときって、心も余裕がない実感ありますよね？　寝不足のときはイライラしますよね？　フルマラソンを完走した直後に「ちょっと、悩み相談に乗ってくれない？」っていわれたら、「あとにして」っていいたくなりますよね？

心をケアしたかったら、体からアプローチすべきなんです。それにもかかわらず、多くの人は、「豆腐メンタル、どないしよ」「メンタル強くしたい、どうしたらええの」と、メンタルのことばっかり考えています。いくら考えても、メンタルは目に見えず摑《つか》みどころがありませんから、いい方法をなかなか思いつくことができません。そして、「メンタルが強くならない、どないしよ」と、堂々巡りを続けがちです。まさに、悪循環です。

稀にメンタル疾患の人もいますが、それは例の一式を試してみればわかります。ほとんどの人は、例の一式を試したら「なんかすっきりしたわ。ま、どうにかなるやろ」「深く考え過ぎとったけど、あれって結局、〇〇するしかないってことやんな」など、気持ちも思考も落ち着きます（落ち着かなかったら、しかるべき治療を受けてくださいね）。

メンタルは「強くしよう！」と思って強くなるのではなく、「結果的に強くなる」ものなのです。

豆腐をつくっていたら湯葉ができるみたいなもんです。

とよかわにも、ボロボロだったメンタルを体からアプローチすることで回復していった経験があります。

トラウマ解消の本を引っ張り出して読んだのは、交通事故に巻き込まれて首の骨を痛めたのがきっかけだったとお伝えしましたよね。あの頃、自分のメンタルがボロボロだったのは交通事故だけが原因ではありませんでした。そのずっと前から、僕のメンタルはよわよわでしたし、乱高下がひどい状態だったのです。いってみれば、交通事故はとどめみたいなものだったわけです。

最初は交通事故で痛めた首をケアする目的で、ストレッチや体操、食事などを工夫していたのですが、そのうち、メンタルが落ち着いてきたのを感じたのです。**「疲れているならケアすればいいだけ、解消すればいいだけ」**と実感でき、気持ちがどんどん楽になっていきました。

「主体的に生きるためには選択肢を持つことが重要」と書きましたよね。「心が疲れたら体からアプローチすればいい」と、方法をいくつも知っておくことは、精神的なお守りにもなります。

心をケアしたかったら、体からアプローチするのが一番の近道なのです。

強メンタルを手に入れる魔法

体をケアすることの重要性を理解してもらったところで、メンタルをさらにたくましくする魔法を紹介しておきましょう。

今回も簡単ですからね、びっくりせんといてくださいね。

「強メンタルを手に入れる魔法」、それは、**「新しいひとりごとをつくって感情を味わう」**ことです。

なにか困ったことがあってメンタルがボロボロになったら、そのひとりごとを頭のなかに思い浮かべれば、それだけでメンタルは急回復します。

「えっ、なに、なに、『ひとりごと』って？　なにを思い浮かべればええの？」と戸惑った人も、ばっちし説明しますから安心してくださいね。

ここでいう「ひとりごと」とは、頭のなかで意識的に考えている声のことです。「あの人、えらく怒ってはったなぁ。どないしたらええんやろ」などのことですね。

まず、大前提として、メンタルがよわよわなときに、**ポジティブシンキングをしてますますつらくなるのは、間違った「ひとりごと」をいっているから**です。

「凹んでるときに前向きに考えるなんてそもそも無理」「前向きに考えても効果がなかった」と思っている人も多いはずですが、それは本当にその通りで、そもそも、「言葉」と「感情」が矛盾していたら意味がありません。

例えば、結婚を考えていた恋人にこっぴどくふられたときや、取引先と約束していた納期に間に合わなくなったときなどに「ハッピー！　なんて幸せなんやろ～★」と思い浮かべてみたところで、絶望的な気分も状況も変わりませんよね？　むしろ、余計にむなしくなりそうです。

一方、今回の魔法は、**「ひとりごと」（＝言葉）と、それによって味わう感情を一致させることで、自然とメンタルを回復させてしまう**魔法なのです。

さっそく具体的なやり方を紹介しますね。

メンタルがボロボロで「どうしていいかわからない」状態になったら、とりあえず、どこかでひとりの時間を確保してください。

喫茶店などが理想的ですが、気候がいい季節なら公園でもいいですね。場合によっては、電車のなかやトイレの個室でも構いません。

そこでひとりになって、あなたが憧れている誰かのことを思い浮かべてください。

その誰かは、芸能人でもアーティストでも実業家でもドラマの登場人物でもアニメや漫画のキャラクターでもなんでもオッケー。好きで憧れている対象であれば、実在するかどうかは問いません。

そして、その**憧れの誰かが、いまのあなたのシチュエーションに置かれたらどうするか？　なんというか？　を想像してみてください。**

そして、その**憧れの誰かの言葉を、「ひとりごと」として頭のなかでつぶやいてみてください**。これで、メンタルは回復します。

「それだけで？　嘘やろ？」と思う人もいますよね。

いいえ、本当です。

なぜこれだけでメンタルが回復するのか不思議ですよね？　ポイントは3つあります。

ひとつは、自分ではない誰かの言葉を想像することで「客観的」になれるからです。客観的になれると、トカゲ状態だった脳が人間モードに戻ってこられることは、何度もお伝えしましたね。

また、ポイントのふたつ目は、思い浮かべた「ひとりごと」が、あなたにとって必ず前向きで魅力的なものであることです。憧れている誰かの言葉として想像したものは、間違いなく魅力的な言葉です。そうでなければ、あなたが憧れる理由がありませんよね。

しかも、それを思い浮かべているあいだ、あなたの頭のなかでは憧れの誰かのイメージが膨らんでいます。そして、そのイメージに伴う、いい気分がじわじわと心に湧いてきます。これが、ポイントの3つ目です。

つまり、あなたは**「ポジティブなひとりごと」を、「ポジティブな感情で味わう」ことになるわけです。これが、メンタルが回復する理由**です。

ちなみに、とよかわは、ロックバンドのMr．Childrenのボーカルである桜井《さくらい》和寿《かずとし》さんや、モデル・タレントのアンミカさんが好きで、よく頭のなかに召喚しています。

なお、「5分後にプレゼンがはじまる！」「怒った上司に『いますぐ会議室に来い』といわれた」などの緊急事態のときには、ゆっくり「ひとりごと」を思い浮かべている余裕はありませんよね。

その場合は、取引先から電話がかかってきたふりをしたり、トイレに行きたくなくても「ちょっとトイレに寄ってきます」といったりして、1分でもいいのでその場を離れるようにしましょう。豆腐メンタルのままではろくな結果にならないからです。

トイレでも物置部屋でも駐車場でもゴミ捨て場でもどこでもいいので、1分だけ緊急避難してひとりになれたら、とりあえず、**「自分、いま、どんな感情を味わってるんやろ?」と、俯瞰《ふかん》する感覚で自分を観察**してみてください。**動画の一時停止ボタンをクリックするようなイメージ**です。

1ミリメートルでも気持ちが落ち着くのを感じたらオッケーです。

この、「できた」という感覚が非常に大切です。**自分でコントロールできる実感を持てると、人は本来の自信を取り戻しやすくなります。**その意味でも、「〇〇のふり」をして、自分の意志によってその場を離れる決断をすることは、非常に重要なことです。

かなりの応急処置ではありますが、最弱の豆腐メンタルのままで大事な場に臨むよりは、100倍マシであることは間違いありません。

そして、緊急事態を乗り切ったあとは、先に紹介した要領で、「強メンタルを手に入れる魔法」を実践することも忘れないでくださいね。

次の一手を導く「ひとりごと」

「でも、ひとりごとの魔法で多少気分は持ち直すとしても、実際の状況はなにも変わっとらんよね？」とつっこみたくなる人もいるかもしれません。

その通りです。しかし、すでに客観的になれて気分も落ち着いているわけですから、冷静に対応策を考えられる状態にあるわけです。落ち着いて考えられれば、いまやるべきことは自然と思いつきます。

それでも「いやいや、冷静に考えられる自信、あらへんわ」と思う人には、とっておきのパワーワードを伝授しましょう。

それは、**「よい、悪いじゃなくって」**という言葉です。

「よい、悪いではなく」と前置きをつけて、いまの状況を冷静に観察してみるのです。状況を把握できれば気持ちも落ち着き、次の一手を考える心の余裕が生まれます。

「よい、悪いじゃなくって」の枕詞は、ジャッジ抜きのフラットな視点で状況を捉え直すための言葉なのです。

そもそも、**メンタルがボロボロで取りつく島がなくなってしまうのは、脳がトカゲモー**

ドだからです。**不安に駆られ、感情が暴走しているわけです。**

結婚するつもりだった恋人にふられたとき、「どうしよ、もう親にも結婚するっていうてもうたわ」「ていうか、もう二度と誰のことをも好きになれんかったらどうしよ」「このまま一生独身で孤独死？」などと**不安な気持ちが暴走するから、つらい**のです。

取引先と約束していた納期に間に合わなくなったとき、「取引先にブチ切れられて取引停止されるかも」「上司に怒られるの怖いわ〜。減給されるかも〜」「クビになったらどないしよ」と、**あらゆる不幸を想像してしまうからどんどん冷静さを失っていく**のです。いってみれば、いわゆるパニック状態です。

ところが、憧れの誰かの言葉を想像したり、「よい、悪いじゃなくって」とジャッジ抜きで考えたりすると、「結婚するつもりやったけど、また振り出しに戻ったちゅうわけやな」「100パーセント、納期に間に合わんだけやな」などと、いまの状況を冷静に俯瞰することができます。「じゃあ、また合コンに行くか。それか、誰かに紹介してもらったほうがいいかもな」「とりあえず、上司に相談しよ」と、次の一手に意識が向きます。いわば、未来に目が向くのです。

豆腐メンタルから抜け出すには、未来に目を向け、「やるべきこと」にフォーカスすれ

ばいいのです。

なお、冷静に状況を俯瞰するのはいいのですが、「いまって（これって）どういう状況だっけ？」という視点から、過去を振り返って整理するのはやめておきましょう。**意識が過去に向くと、「あのとき○○しなければよかった」「○○が失敗だった」**などと、**自分を責める方向に気持ちが動きやすい**からです。残念ながら、過去は変えようがありません。

それならば、未来に向けた次の一手に目を向けるほうが建設的です。

その際、**目標到達地点までの距離を具体的に考えるのがコツ**です。

「○歳までに結婚したいけど、やったら、あと1年しかあらへん。のんきにしとられんで。結婚相談所に登録したほうが確実かも」「納期は今日やから、悩んどる場合じゃないわ。さっさと上司に相談して、間に合わんにしろ、今日中には取引先に連絡せな」など、ゴールまでの距離を確認することで、冷静に、いまやるべきことを考えられます。

この他にも、未来志向で次の一手を考えられるようになるひとりごとを3つ紹介します。状況に応じて使ってみてください。

「家族といえど、別人だから」

家族関係で悩んだときに効果的なひとりごとです。

この背景には、「人の数だけスポットライトがあり、真実がある」の前提があります。家族といっても、自分とは違う人間です。人の数だけ意見と正解があるのですから、意見が違って当然。そして、相手に言い分があるように、こっちにも言い分がある。そう思えれば冷静になることができます。

どちらかが一方的に正しいことはありませんし、一方的に服従しなければいけないなんてこともありません。交通事故の過失割合でいう「50対50」「70対30」みたいなものですね。割合がどうというわけではありませんが、いずれにしろ、**話し合ってお互いに折り合う必要がある**のです。

「慣れてないだけ」

仕事でもプライベートでも、うまくいかないことがあった際に思い浮かべると気持ちの落ち着くひとりごとです。失敗したり思うようにいかなかったりするのは、「慣れ」の問題であることがほとんどです。

つまり、**慣れればいいだけ**なのです。慣れるには経験を積むことが欠かせません。**ゴールに向けての途中段階にいることを思い出せる**ので、無駄に落ち込んだり悩んだりせずに済みます。

「まだ足りてないだけ」

理想の成果が出せないときに、思い浮かべてほしいひとりごとです。足りないのは経験かもしれませんし、スキルかもしれませんし、時間かもしれません。いずれにしろ、**単に足りていないだけで、あなた自身がダメというわけではない**のです。「慣れてないだけ」と同じように、ゴールへの途上にあることを思い出せます。

このように、**「～だけ」の言い方はとても効果的で、妙に人を冷静にする力があります。「だけ」をつけるだけで、「たいしたことじゃない」と思える**からです。

ちなみに、「いま、お時間ありますか」よりも「ちょっとだけお時間ありますか」と聞くほうがOK率は高まるのも、「だけ」の言葉のパワーです。

ひとりごとの力でボロボロの豆腐メンタルを復活させ、状況を打開したとよかわの経験を紹介しておきます。

IT通信業界で電話セールスをしていたとき、電話しても電話しても契約が取れず、大ピンチになったことがありました。しかも、収容所みたいなノリで管理してくる上司のもとで働いており、メンタルは崩壊寸前でした。

ちょうどその頃に僕が読んでいた本があるのですが、それは、悩みを解決する方法について書かれた世界的ベストセラーであるD・カーネギー著『新訳 道は開ける』（角川文庫）でした。それに書かれていた「最悪の状況を想定しましょう」という内容を参考にして自分の状況を捉え直してみたところ、**「（営業）成績が悪いだけ」「最悪、クビになるだけ」**だとわかりました。

「そうよな、単にそういうことだよな」と思えたら、ふっと気が楽になりました。そうです、「だけ」の言葉のパワーです。

ある意味、開き直った心境になれた僕は、「そういえば、結局、自分、なにしたいんやったっけ？」と、冷静に自分のゴールを確認し直しました。当時は、「ひとり暮らしをするために月〇万円を稼ぐ」ことを目指しており、「なら、やっぱり営業成績を上げなアカン。そうや、いつも成績上位の先輩にコツを聞いてみよう」という結論に至ったのです。

そして実際に先輩に相談したり、そんな僕の頑張りを見ていた上司がアドバイスをくれたりして、少しずつ成績が上がっていったのでした。

効果的な「ひとりごと」には、傷ついたメンタルをめきめき回復させ、未来に目を向けさせる強力なパワーがあるのです。

あたりまえを塗り替える

ところで、なぜ「ひとりごと」の効果はそこまで凄いのでしょうか？

心理学では、**この世でもっとも影響力がある言葉は「自分が自分にかける言葉」**だと考えられています。

超絶仕事のできる上司や、〇兆円稼いでいる実業家や、ダライ・ラマの言葉より、「あなたが自分にかける言葉」のほうが影響力は強いのです。

「ほんまに？　自分より優れた人の言葉のほうが説得力ありそうやけど」と感じた人もいますよね？　ですが、よく考えてみてください。誰かの言葉やアドバイスを見たり聞いたりしたとき、その言葉やアドバイスを「受け取る」「採用」するかどうかを決めているのは、誰ですか？

「ごっつええこといっとるのは、わかるわ。でも、自分には無理やし」

「これはまた凄い話を聞いたわ。さっそく、やってみよ」

このように、**その言葉を受け取ったり、採用したりするかどうかを判断しているのは、紛れもないあなた**です。実際、良識ある催眠術師は、「催眠をかけているのはわたしではなく、その人自身」と公言しています。催眠術師は相手が催眠状態に入るのを手伝っているだけなのです。

人間が一番信頼しているのは、自分自身です。どれだけ自分に自信がなくても、1パーセントでもどこかで自分を信じているからこそ、生きていられるのです。1パーセントも自分を信頼できなくなったら、生きる意味を感じられないので生を存続するのは困難でしょう。

あなたがこの世で一番信頼しているのはあなた自身であり、だからこそ、あなた自身の言葉——「ひとりごと」の影響力はなによりも強いのです。

「前向きな言葉を自分にかけてあげよう」「ポジティブシンキングをしよう」と世の中で

いわれているのには、実はこういう理由があるのです。

ただし、言葉に連動するポジティブな感情を味わわないと意味がありませんので、その点だけはご注意くださいね。

とよかわの生徒さんにも、「強メンタルを手に入れる魔法」で人生が好転しはじめた人がいます。

人に堂々と意見をいうのが苦手で、職場でもうまくいかず、人間関係について15年以上悩んできたという男性でした。しかし、憧れの人を思い浮かべて、その人なら同じ状況でどう振る舞うか、なんというかをイメージしているうちに、人に対してきちんと意見を言えるようになっていきました。

「いい、悪いじゃなくて、これが足りていないのでやってください」と伝えられるようになると、まわりからの反応も変わったといいます。いうべきことをきちんと伝える経験を繰り返すことで自信を取り戻し、2カ月後には、行きたかった会社への転職が決まりました。本業とは別で起業準備まで進めているそうです。

この例のように劇的に人生が好転していくのは、「行動」できるようになるからです。

人生は願うだけでは変わりません。行動するからこそ変わっていくのです。

「でも、その『行動』がなかなかできひんのよ」と思う人もいますよね？

そうなんです。『強メンタルを手に入れる「ひとりごと」の魔法』のポイントはそこです。**行動できないのは、「うまくいくかわからない」「できるかどうか心配」などの不安な気持ちがあるから**ですよね。普段慣れ親しんでいるあたりまえの日常（コンフォートゾーン）の外に飛び出すのは誰でも怖いものです。実のところ、その**「コンフォートゾーン」を変えてしまうのが、「ひとりごと」の目的であり、パワーなのです。**

人は、**「あたりまえ」と思っていることに対しては、迷いなく行動できます。**

例えば、元プロ野球選手のイチローさんはレーザービームみたいなごっつい豪速球を投げますが、「なんで俺、こんな豪速球を投げられるんやろ？　不思議やわぁ」と疑問に思いながら投げているわけでないことは、見ていてわかりますよね？　彼にとってはそれが「あたりまえ」なのです。

また、実業家の孫正義さんもなん兆円という桁違いの大金を事業に投じますが、それは彼にとって異常なことでもなんでもなく、日常茶飯事だからです。彼にとってはそれがあたりまえであり、慣れている行動なのです。「こんなに投資して大丈夫かいな、怖いな、どうしよう、ブルブル」と思っていたら、いまのような結果を残せてはいないでしょう。

まわりから見るととんでもないことでも、本人にとっての「あたりまえ」「いつものこと」――コンフォートゾーンのなかであれば、迷うことなく行動できるし、だからこそ、結果がついてくるのです。人の数だけスポットライトがあり、真実があるように、**人の数だけ「慣れ」がある**のです。

つまり、「強メンタルを手に入れる魔法」とは、あなたのコンフォートゾーンを書き換えるための魔法であり、「ひとりごと」は、あなたの脳内にある自分ルールを新しく書き換える呪文のような役割を果たしてくれるわけです。

いつもなら怖くてパニックになる状況でも、「新しいひとりごと」を採用すればそれが「あたりまえ」になり、迷わず行動できるようになる。

これが、「ひとりごと」で人生が変わる仕組みです。

誰でも「メンタルつよつよ」になれる

「ほんまのほんまに、ひとりごとを変えるだけで、そんなに変わるの？」と疑う気持ちもわかりますよ。

ここでとよかわは、断言します。**誰でも強メンタルに変わることはできます。どれだけネガティブな人でも、例外はありません。**

なぜなら、脳の仕組みはみんな一緒だからです。

本書で紹介する魔法は心理学や機能脳科学、認知科学にもとづいたものであり、脳の仕組みが一緒である限りは、等しく効果が出ます。

とよかわの生徒さんでも、医師から不安症と診断されていた60代の女性が半年で見違えるように変化したケースがあります。その女性はいつも、「○○が起きたらどうしよう」「○○になっちゃうかも」と不安を抱え、まわりからいわれることに従うばかりの生活だったといいます。

職場では仮面をかぶるような気持ちで頑張っていたのですが、家庭では特にお子さんとの関係がうまくいかず、つらい日々を送っていました。しかし、「子どもには子どもの人生がある。わたしにもわたしの人生がある」と思えるようになり、まわりにもいうべきことをビシッといえるようになると、めきめきとメンタルが回復していきました。

人が変わるのに年齢は関係ないのです。

また、**人の考え方が変わるのは「一瞬」です。つまり、豆腐メンタルが強メンタルに生まれ変わるのも、一瞬**なのです。物語『オズの魔法使い』でも、魔法使いからもらったアイテムによって、ライオンが勇敢に、かかしが賢く、ブリキの木こりが優しく変わるのは、一瞬でしたよね？　変わること自体は、一瞬なのです。

ただし、それを実感することは、また別です。

食べログを見て「こんないいお店があるんや」と知るのと、実際に足を運んで料理を味わったりお店の雰囲気を堪能したりするのは、体験としてまったく別物ですよね。「百聞は一見にしかず」のことわざ通り、「知る」ことと「体感する」「腑に落ちる」ことは違うのです。

そのようなわけで、「強メンタルに変われたぞ！」と実感できるタイミングがいつになるかは、その人の生活スタイルや状況次第です。しかし、とよかわの生徒さんを見ている限り、ほとんどの人は1～2週間以内に体感しています。

どんなに遅くとも、1カ月以内にはなにかしらの変化を実感できるはずです。

そもそも、人間のなかには生まれながらの「強さ」があります。

赤ちゃんは、側で見ている大人がびっくりするようなところをハイハイしたり、よじ登ろうとしたりしますよね。人間はみな、生まれて間もない頃は勇気と自信の塊なのです。

つまり、最強のつよつよメンタルなのです。

本書で紹介した「ひとりごと」の魔法は、人が本来持っているその強さと自信を取り戻すものです。心理学や機能脳科学、認知科学のテクニックを使って、**もともと持っている強さを思い出すだけ**なんですよ。

思い出してください。**あなたは、本当は強い**んですよ！

Work 憧れの「推し」の写真を眺め倒す

本章では、「新しいひとりごとをつくって感情を味わう」ことで強メンタルを手に入れる方法を紹介しました。

そのやり方のなかで、「あなたが憧れている誰かのことを思い浮かべ、その人がいまのあなたのシチュエーションに置かれたら、どうするか、なんというかを想像してみてください」とお伝えしました。

ここでは、実際に、その憧れの誰かを決めてみてください。

そして、その人の画像をインターネットで検索しましょう。写真でも、イラストでも、なんでも構いません。「憧れの誰か」は実在していなくても大丈夫です。キャラクターでもいいですし、歴史上の人物でも大丈夫です。

「素敵やなぁ」「かっこえぇなぁ」などと思えるようなイケてる画像が見つかったら、個人利用＆家庭利用する前提で、その画像をスマホに保存しましょう。何枚選んでもＯＫですよ。

そして、隙間時間のたびにその画像を眺めてください。仕事の休憩時間や電車での移動中、レジの列に並んでいるときなど、いろいろなタイミングがあると思います。

そうすることで、いざというとき、その憧れの誰かのことがすっと頭に思い浮かぶようになります！

余裕があれば、「いまのあなたがつらいと思っていること」を3つ書き出し、画像を保存した「憧れの人」がなんとアドバイスするか、それぞれ3パターンずつ考えてみましょう。

つよつよメンタルが育まれていきますよ。

Work Sheet

憧れの人は
あなたにどんなアドバイスを贈る？

第5章

史上最高に幸運になれる「セルフ予言」の魔法

思い込みを上書きして幸運体質に生まれ変わる

幸運の正体

人間関係に悩む人のなかには、「運が悪いからまわりの人間に恵まれない」と思っている人もいるかもしれません。「親ガチャ」「会社ガチャ」「配属ガチャ」など、運によって環境が決まる考え方も、最近はよく話題になっていますよね。

確かに、生まれてくる場所は選べませんし、どんな上司のもとに配属されるかも選べません。人間関係に運がまったく関係ないかといえば、そうとは言い切れないでしょう。

しかし実は、**意図的に「幸運になる」ことは可能**です。

「運はコントロールしようがない」と思っている人が大半でしょうから、驚いたかもしれませんね。

そもそも、「幸運」「不運」とは、一体どういうことなのか？

一般的なイメージでいうと、幸運とは「イケイケでハッピーだぜ」という、気分のいい状態のことです。自分にとって「いいこと」がたくさん起こる、うまくいっている状態ですね。

逆に不運とは、「テンション下がり放題できっついぜ」という、気分のよくない状態のことです。いいことではなく「悪いこと」が起きる、まったくうまくいっていない状態ですね。

このとき、あなたの脳内ではいったいなにが起きているのかといえば、「イケイケでハッピーだぜ」のときは、A10神経と呼ばれる神経の束が刺激されて、興奮物質の一種である「ドーパミン」という名前のホルモンがたくさん分泌されています。そして、「テンション下がり放題できっついぜ」のときには、あまり分泌されていません。

つまり、**幸運か不運かは脳内でのドーパミンの分泌量の違いであって、言い換えると、単なる脳内の情報処理**だと、とよかわは考えています。

「でも、その理屈だと、どんな状態でもドーパミンが出ていさえすれば幸運ってことになるやん。運がいいとか悪いって、もっと絶対的なものじゃないの？」と思った人もいますよね。その気持ちはもちろんわかります。

では、次のようなシチュエーションでどのように感じるか、想像してみてください。

❶凄くおなかがすいているときに入った飲食店で、チャーハンの大盛りをサービスされた
❷風邪をひいて寝込んでいるときに、大盛りチャーハンを差し入れてもらった

大盛りチャーハンを目の前に出された事実は同じにもかかわらず、❶と❷では感じ方が違いますよね。❶の場合は「ラッキー！」と大喜びする人がほとんどじゃないですか？しかし❷の場合は、たぶんあまり嬉しくないですよね。「なんでチャーハン？　しかも大盛り？　おかゆとか、すりおろしたりんごとかのほうがよかったわ……」と思うのではないでしょうか。

つまり、事実に対して「ラッキー」「イケイケだぜ」とか「ついてない」「テンションが下がる」などと意味付けしているのは、「あなた」なのです。大盛りチャーハンを目の前にしたときに**「ラッキー」と感じるか「ついてない」と感じるかは、あなたの状況によって変わってくる**のです。

そのようなわけで、実は、**万人にとっての幸運などは存在しません。**

あなたにとっては嬉しいことでも、別の人にとっては価値を感じられることでなければ「ラッキー」にはなりません。

「幸運」「不運」とは、あくまでも主観的なものであり、状況に応じて変わるものなのです。

とはいえ、「ついてない」と感じるより「ラッキー」と感じているほうが楽しいし、幸せですよね。幸運だと感じられるとご機嫌でいられますから、怒ったり、人にイライラしたりすることが限りなく少なくなります。

余裕が生まれ、人にも優しくできるので、人間関係もうまくいきやすくなります。

「楽しみ」と思えたら勝ち

「じゃあ、とにかくたくさんドーパミンを出せばいいってことやん？」と気づいた人のために、ドーパミンについてもう少し解説していきます。

ドーパミンは興奮物質の一種であり、「快楽物質」とも「脳内麻薬物質」ともいわれています。マッサージを受けたりお風呂に入ったりして肉体的に「気持ちいい〜」と感じているときや、好きなタレントが出ている番組を視聴しているとき、美味しいものを食べたとき、褒められたとき、ゲームをしているとき、ＴｉｋＴｏｋなどを観ているときなど、

「楽しい！」「嬉しい！」と感じているときなどに分泌されるというのが、一般的な説明です。

ところが、ドーパミンにはあまり知られていないもうひとつの側面があります。

それは、**「快楽を感じているとき」だけでなく、「期待したとき」にも分泌される**ことです。ゲームをしている最中だけでなく、「いまからゲームをするぞ」と考えたときや、「こんなゲームが発売されるんや。はよプレイしたいな」と思ったとき、つまり、**「未来に期待しているとき」、平たくいうと「『楽しみ！』と感じたとき」にも分泌される**のです。

この側面は、そもそもドーパミンが人間の本能にどうかかわってきたかを知ることで、より理解できます。

結論からいうと、**ドーパミンの目的は「子孫繁栄」**です。

子孫をつくるには、生殖行為をしなければなりませんよね。しかし本来、生殖行為とは命を懸けて行うものです。なぜなら、行為に夢中になっているあいだに、猛獣に襲われる可能性があるから。とはいえ、生殖行為をしなければ子孫を残せません。子孫を残せなければ種は滅びますから、本能としては生殖行為をしてもらわんと困るわけです。

そこで役に立つのが、ドーパミンです。

ドーパミンが分泌されると、快楽を感じ、夢中になります。夢中になると、他のことに意識が向きにくくなりますよね。つまり、「猛獣に襲われたら困るから、性行為はせんとこ」というリスク意識を吹っ飛ばしてくれるわけです。

言い換えると、**ドーパミンとは、「リスクを負ってでも行動に駆り立てる」物質**なのです。

食事を忘れてゲームに夢中になったり、体を壊すレベルでお酒を飲み過ぎたりするのも、ドーパミンのこのような側面によるものです。

ご存じの人もいるかもしれませんが、ドーパミンが分泌され過ぎて、リスク意識が吹っ飛んでしまうと、アルコール依存症やギャンブル依存症、買い物依存症などの脳の病気になってしまいます。

「やめられない、止まらない」状態とは、ドーパミンが暴走している状態なのです。

「えっ、じゃあ、ドーパミンって怖い物質なん？　幸運になれる物質とちゃうの？」と、混乱してきた人もいますよね。

任せてください、しっかり解説していきますからね。

「快楽を感じているとき」だけでなく、**「未来に期待しているとき」にも分泌されるドーパミンの性質を理解し、うまく利用しましょう**というのが、とよかわのいいたいことです。

あなたの大好きなタレントが早朝のテレビ番組に出演することがわかっていたら、なにがなんでも早起きしませんか？　あなたの意中の相手が、「今日の夜だったら会えるよ」といってきたら、なにがなんでも仕事を終わらせて帰りませんか？

未来に期待した瞬間に分泌されはじめるドーパミンがあなたの行動を促し、望む未来を手に入れさせてくれるわけです。

言い換えると、**ドーパミンの働きをうまく利用すれば、望む未来を実現しやすくなる**ということ。

ここで重要なのは、**ドーパミンによる「幸運」状態が「誰かに仕掛けられているもの」なのか、それとも「あなたが望んだもの」なのか**です。

誰かに仕掛けられている幸運とは、わかりやすいものでいうと、ＳＮＳやスマホ、テレビ、広告などです。ＳＮＳのショート動画は、「いいね」を押してもらったり、次から次へと好みの情報を表示したりすることで、脳を刺激してドーパミンを分泌させる、いわば計算された媒体です。

テレビの予告編や広告なども、チラ見せしたり、内容を工夫したりしてドーパミンを分泌させることで、「次も観たい」「使ってみたい、体験してみたい」と意欲をあおっているわけです。

それらは確かにワクワクしますし、「未来に期待している」状態ではありますが、第三者が計算し、脳の仕組みを利用して巧妙に仕掛けてきた結果としての幸運状態です。計算されているものだからこそ、「やめられない、止まらない」と、節度なくのめり込んでしまうのです。

本章で目指すのは、「誰かに仕掛けられた幸運」ではなく、「あなたが望む幸運」のほうです。

未来に期待しているときに分泌されるドーパミンとその仕組みを利用し、「幸運」状態に導く――それが、史上最高に幸運になれる「セルフ予言」の魔法です。

史上最高に幸運になれる魔法

さっそく、今回の魔法を紹介しましょう。

自分史上最高に幸運になれる魔法――それは、**「セルフトークで幸運状態にロックオンする」**というものです。

「待って、待って、とよかわさん。『セルフ予言』やら『セルフトーク』やら、なんか似た言葉やけど、意味はようわからんよ」という感じですよね。大丈夫です。ばっちし説明していきますからね。

いったん、「セルフ予言」のほうは忘れてもらって構いません。まずは、「セルフトーク」から解説していきましょう。

セルフは「自分」、トークとは「話すこと」であり、セルフトークとは「あなたの頭のなかの声」のことです。

第4章の「ひとりごと」となにが違うのか、気になった人もいると思います。

ひとりごとが「頭のなかで意識的に考えている声」であるのに対し、**セルフトークは「無意識のうちに勝手に頭のなかに湧いてくる声」**と考えてもらえればいいでしょう。いわば、反射的に出てくるイメージです。例えば、上司に「その仕事、残業して終わらせて」といわれたとき、「うわ〜、残業、いやや〜」と頭に浮かんでくる声のことですね。

今回の魔法は、「セルフトークで幸運状態にロックオンする」ものでした。つまり、『無意識のうちに勝手に頭のなかに湧いてくる声』で幸運状態にロックオンする」わけですが、それが一体どういうことなのか説明していきますね。

まず、みなさんに思い出してほしいことがあります。

スポットライトの仕組みの話を覚えていますか？

「あぁ、あれね。覚えてるよ。その人の優先順位や価値観によって頭のなかのスポットライトの向きが違うんだよね。だから人によって見えているものが違うんだったよね」と思い出せたら、ばっちしです。

今回の魔法でも、このスポットライトの仕組みがポイントになってきます。なぜなら、**セルフトークがスポットライトの向きを左右する**からです。

無意識とはいえ、なにかの出来事に対してあなたがセルフトークをすると、それに合わせてスポットライトの向きが変わります。ポジティブなセルフトークをすればポジティブなものへ、ネガティブなセルフトークをすればネガティブなものへフォーカスするという仕組みです。

先の例でいうと、「うわ〜、残業、いややわ〜」とセルフトークをしたら、いつまで経っても「残業は嫌だ」と感じるばかりでしょう。これが、「ロックオン」状態です。「じゃあ、そうではなく幸運になれるようなセルフトークをすればいいってことやんな？」と思ったあなた、ご名答です！

そのように、**意図的に望む未来を宣言し、スポットライトの向きをコントロールすること**を、本書では「セルフ予言」とネーミングしています。

人は誰しも、なにかしらの思い込みを持って生きています。それに従った行動をした結果、思い込み通りのことが現実になる現象や概念のことを、少し難しい言葉で「自己充足的予言」といいます。英語では**「セルフ・フルフィリング・プロフェシー」**といいます。日本語でも英語でも長くて覚えにくいので、頭文字を取って**「SFP」**と呼びましょうか。SFPとは、ラッキーアイテムやお守りみたいなものだと理解してください。要するに、次のようなことです。

「新しい上司は超絶厳しい人らしい。きっとみんな怒られるぜ」と噂《うわさ》を聞いて、ビクビク振る舞っていたら調子が狂い、仕事でミスをしてしまって新しい上司に怒られた。あるいは、朝のニュースで「○○座のあなたの今日の運勢は最高です」と見かけた日に、申し込んでいたチケットの当選通知メールが届いて「やっぱり！」と感じた。

このようなことが、ＳＦＰのわかりやすい例です。

つまり、**幸運になりたいのであれば、幸運と感じられるようにＳＦＰを使いこなせばいい**わけです。ポジティブなセルフ予言をお守りのように携えることでスポットライトの向きが変わり、ポジティブなことばかりが意識にのぼり、「自分は幸運だ！」と思い込めれば、ＳＦＰの好循環がはじまります。

それを実現するための簡単な方法が、セルフトークというわけです。**幸運と感じることにロックオンできるようなセルフトークを意識的にいうだけ**ですから、びっくりするくらい簡単です。

なお、とよかわが愛用しているセルフトークは、**「ええ1日になるで」**です。

以前、会社で働いていたとき、取引先がお代を入金してくれず、あまりのショックにひどく落ち込んだことがありました。平たくいえば代金を踏み倒されたわけですから、なにを見ても灰色に見え、「なんてツイてないんだろう……」と思っていました。

ところが、ヤケクソ状態のとよかわが朝起きてなんとなく「ええ1日になるで」とつぶやいたところ、「よく考えたら、面倒くさい取引先とかかわらなくて済むようになって、よかったやん」という気持ちになってきたのです。

実際、無茶なリクエストの多い手のかかる取引先でした。お金の面では損をしましたが、そのような無茶な要求に二度と付き合わなくてよくなったし、浮いた時間を自分のために使えるしで、「意外と悪くないやん」と思えたのです。

そして、「今後はこういう取引先とは付き合わんとこう」と自分ルールを定めることができ、それ以来、同じような目に遭わなくなりました。


また、とよかわの生徒さんにも、「ええ1日になるで」のセルフトークによって「不運」を「幸運」に大転換できた人がいます。その女性はコロナ禍でリモートワークを望んでいたにもかかわらず、会社から出社を要請されていました。

しかし、「ええ1日になるで」のセルフトークを毎朝口に出すようにしたところ、「出社しての業務がそんなに悪いものではない」と思えるようになっていったそうです。

出社しているからこそ、上司との距離が近くなり、仕事に対するフィードバックが素早く返ってくることでスキルが爆上がりしたのです。その結果、なんと、過去最高額のお給料をもらえるようになったそうです。しかも、最終的に会社全体でリモートワークが決定し、彼女が望んでいた通り出社せずに済むようになりました。

「雨降って地固まる」ということわざもありますが、仕事のスキルも上がり、お給料も上がり、しかも望んだワークスタイルも叶うとは、彼女にとっては最高のかたちで地が固まったということですね。

しかも面白いことに、「いまになってみれば、出社して本当によかったです」と彼女が話しているのです。

「人間万事塞翁が馬」とは、まさにこのことです。

不意打ちが一番効く

なお、セルフトークはあなたが好きなものを自由につくって構いません。尊敬する人の言葉や、偉人や成功者の名言などから、心のお守りになるような言葉をピックアップして使うのもおすすめです。

でも、思いつかない人もいますよね。大丈夫です、便利な例を紹介しておきます。

ぜひ、**「ええ1日になるで」**とあわせて使ってみてください。

①日中、自分を鼓舞したいとき

「まだまだいける」

②しんどいとき、嫌なことがあったとき

「これを乗り越えたらヒーローになれる」

「これを乗り越えたら伝説だよね」

「頼まれごとは試されごと」

「むかしだったらあきらめてた」

「慣れてないだけ」

③夕方以降や寝る前

「よくやった」

「明日が楽しみ」


どのセルフトークも、未来を期待させる前向きな内容になっています。

特に、「むかしだったらあきらめてた」には、「いまの自分はむかしよりレベルアップしてるぜ」との前提が込められており、**過去より現在に意識を向け、目の前のことに集中しやすくする**効果があります。

また、「慣れてないだけ」は、第4章で「未来志向で次の一手を考えられるようになるひとりごと」としても紹介しましたが、セルフトークとしても活用できます。

これらのセルフトークは、シチュエーションに合わせて使うほか、どのタイミングで使ってもいいのですが、**もっとも効果的なのは〝不意打ち〟**です。

例えば、種明かしをされた状態で手品を見てもなにも思いませんが、なにも知らない状態で引田天功やMr・マリックのイリュージョンを見たらびびりませんか？　また、いきなり「宝くじが当たった！」といわれたらびっくりして大喜びしますが、事前に「これはドッキリです」といわれていたらまったくなにも感じませんよね。

つまり、**人間の脳は〝不意打ち〟に弱く、油断しているときに目の前の出来事を素直に受け取りやすい**のです。

少し難しい表現でいうと、**潜在意識を書き換えやすくなる**のです。

そのようなわけで、あなたの脳が油断しているときにセルフトークで不意打ちしてあげるのが一番効果的なやり方です。具体的には、**寝起きのタイミングがおすすめ**です。枕元に**「ええ1日になるで」**と書いた紙やカードを置いておき、起きてすぐにそれを見たり、さらに、ぼそっとつぶやいたりすると、脳に浸透しやすくなります。

とよかわは、朝につぶやくほか、**「慣れてないだけ」**と書いたカードを名刺入れにしのばせています。名刺入れを開けたときに、ふとその言葉が目に入ると、「そうやった、慣れてないだけやった」と思い出せるからです。

その他にも、スマホのリマインダー機能を活用すると、設定した内容が定期的に画面に表示されて便利です。

ちなみに、アスリートやアーティストの人がタトゥーとして言葉やマークを体に刻むのも、そのような効果を意識してのことが多いようです。**感銘を受けたフレーズやマークが目に入るのをきっかけに、自分の進む道を再確認したり、やる気のスイッチを入れたりしているの**です。

ただし、一点だけ気をつけてほしいことがあります。

セルフトーク例として、「しんどいとき、嫌なことがあったとき」におすすめのものをいくつか紹介しましたが、**なにがなんでも乗り越えないといけないわけではない**ということだけは頭の片隅に置いておいてください。**パワハラやいじめ、嫌がらせ、モラハラ、ブラック労働など、乗り越えるよりも逃げるべきケースがある**かもしれないからです。

セルフトークによってむやみに頑張ることが、自分のためにならないこともあります。頑張る方向と対象だけは間違えないようにしてくださいね。

幸運体質に生まれ変わる仕組み

「セルフトークって、スポットライトの向きを変えるだけじゃなくて、潜在意識を書き換えるのが目的なの？」と思った鋭い人もいるでしょう。少し理解しにくい言葉も出てきたので、それもあわせて、わかりやすく解説していきます。

今回の「史上最高に幸運になれる魔法」とは、未来を期待させるポジティブなセルフトークによって、頭のなかのスポットライトをポジティブなことにロックオンするものでした。その結果、ポジティブなことばかりが意識にのぼり、「自分は幸運だ！」と思い込みます。そして、その思い込みに従った行動を取ることで、思い込み通り（＝幸運）の現実になっていくのでした。

種明かしをしましょう。

この魔法の肝は、「思い込み（ブリーフシステム）」を書き換える（上書きする）ことです。

人は自分の思い込みを意識していることもあれば、なかには意識できていない思い込みもあるので、「潜在意識を書き換える」と「思い込みを書き換える」は、ほぼ同じ意味だと思ってもらって構いません。

この魔法で書き換える思い込みには、実は2種類あります。ひとつは、**「世の中に対する思い込み」**、もうひとつは、**「自分に対する思い込み」**です。

世の中に対する思い込みのことを、心理学の用語では**「ブリーフシステム」**と説明しています。ブリーフは日本語で「信念」と訳されますが、要は、その人独自の価値観や優先順位のことです。平たくいうと、その人にとっての**「世の中、こんなもんやで」というイメージ**のことをいいます。

そして、もうひとつの「自分に対する思い込み」を、**「セルフイメージ」**と説明しています。**「自分ってこんな人やねん」というイメージ**のことです。

「思い込みを書き換える」という視点で、今回の魔法を整理してみます。今回の魔法の意味合いがいっそう理解できるはずです。

①セルフトークを、未来を期待させるポジティブなものにする
←②ポジティブなことにスポットライトがあたる
←③「いいことあった！」「自分ってラッキーかも」と思いはじめる
←④シンプルに行動の量が増える
←⑤ポジティブな結果が増える
←⑥「やっぱりラッキー！」と確信しはじめる
←⑦「世の中、捨てたもんやない」「人生楽しい」「自分は強運だ」と思い込む
←ブリーフシステムとセルフイメージが書き換わる

これが、思い込みを上書きしていく流れです。

人生は行動するからこそ変わっていくのだと、第4章でもお伝えしましたね。セルフトークを変えることで、少しでもいいことが見つかると「もしかして、セルフトークの効果？　凄い！」と思えます。その状態になると、未来に対しての期待の気持ちが高まり、ドーパミンが分泌されて行動を後押ししてくれます。

行動が変われば、結果だって変わります。

セルフトークの力でスポットライトの向きが「幸運」にロックオンされているので、いい結果ばかりが目につくようになります。するとますます、行動のハードルが下がっていきます。

この繰り返しで、ブリーフシステムとセルフイメージがどんどん書き換えられ、最高の幸運体質に生まれ変わるのです。つまり、その人にとってのあたりまえ――コンフォートゾーンが変わっていくということ。

「ニワトリが先か卵が先か」の話にもなりそうですが、**セルフトークを変えることが、思い込みを上書きする「きっかけ」になる**ことは間違いありません。

なお、思い込みを書き換える際には、「感情の動き」が重要なポイントになります。というのも、**強い感情が伴う出来事は、人の記憶に残りやすい**のです。

人は、**感情が動くことで、それまでの価値観が揺さぶられ、塗り替えられ、定着していきます。**強メンタルを手に入れる「ひとりごと」の魔法でも、「ポジティブなひとりごと」を、「ポジティブな感情で味わう」ことが大事だとお伝えしたのは、このような理由があるからです。

先に①〜⑦で紹介した、思い込みを上書きしていく一連の流れで、感情がどう動いているかを確認してみましょう。

感情が変化しているのは、③と⑥のタイミングです。スポットライトの向きが変わったことで意識にのぼるものが変わり、「いいことあった！」「自分ってラッキーかも」と、気分の高揚を感じていますよね。それは大きく感情が動いている証拠です。

このような感情の変遷を**「エモーショナルヒストリー（感情の歴史）」**といいます。**思い込みを上書きするとは、感情の歴史を塗り替えること**なのです。

自己肯定感より「エフィカシー」

「なるほどね！　じゃあ、セルフトークでどんどん感情を動かしてどんどんブリーフシステムとセルフイメージを書き換えちゃおう！」と勢いづいた人もいるかもしれません。
ところで、史上最高に幸運になれる魔法をマスターしてもらったところで、もうひとつ大事な話をさせてください。

セルフイメージが高まるとは、自分にいいイメージを持つことであり、要は、自信のある状態になることです。これを、心理学の用語で**「セルフエフィカシーが高まる」**といいます。昨今では盛んに「自己肯定感を高めよう」といわれる節がありますが、第4章で説明したように、本来の「自己肯定」は自分を正当化することに過ぎません。

高めるべきは、自己肯定感ではなく、「エフィカシー」なのです。

「で、エフィカシーってなんなん？」と思いましたよね？
ばっちし説明していきますよ。
エフィカシーを正確な日本語に訳すと、「自己能力の自己評価」という、なんやらよくわからない言葉になります。なので、略して「自己評価」といわれます。しかし、これもいまいち意味がわかりにくいので、**「自己効力感」という言葉をイメージしてもらったほうがいいかもしれません。**

「『自己効力感』なら、なんとなく聞いたことあるわ」と思った人もいるかもしれません。エフィカシーとは、平たくいえば、**「自分にはできる」という自分への信頼**のことをいいます。

そして、メンタルの回復力にＬｏＣＲというレベルがあったように、エフィカシーにもレベルがあります。**「レベルズ・オブ・エフィカシー」**、頭文字を取って「ＬｏＥ」です。**ＬｏＥが高ければ高いほど自分への信頼度が高く、いわゆる「自信」が強い状態で、低ければ低いほど自信のない状態**になります。

ちなみに、**ＬｏＥは、一度上げたらそのまま固定されるわけではなく、体調や状況などによって上下します。**疲れたり風邪をひいたりしているときは低くなりやすいと認識してください。体が疲れていたらメンタルが豆腐になるのと同じ理屈です。

セルフトークで思い込みを上書きするとは、エフィカシーを高め、ＬｏＥをどんどん

上げていく行為です（正確にいうと、本来備わっている自信を取り戻しているだけではありますが）。

前にも登場したイチローさんは、オリックスグループの公式インスタグラム「ＳＭＩＬＥ ＯＮ」のライブ配信で、「自己肯定は、僕のイメージでは自分にとって気持ち悪いこと。謙虚さが大事」といった旨を発言していましたが、おそらく彼のＬｏＥは相当高いはずです。しかも、彼の場合はそこに行動が伴っているからこそ、あのような偉大な成果を残せているのです。

イチローさんの鋭い指摘のように、自己肯定とは、自分を正当化する考えに過ぎません。イソップ寓話《ぐうわ》の「すっぱい葡萄《ぶどう》」では、木になっている葡萄を食べようとした狐《きつね》が、鼻先が葡萄に届かずに「どうせすっぱいに決まっている」と憎まれ口をたたく姿が描かれています。

これがまさに、「自己肯定」です。**現状への認識を、自分の都合のいいように変える**のです。ここで、もし狐が努力や工夫をして葡萄を手に入れたならエフィカシーが高まったはずですが、そうではないからこそ寓話として成立するんですよね。

ものごとが思うように進まなかったとき、誰しも、つい自己肯定をしそうになるものです。しかし、そのようなときこそ、セルフトークの力を借りてもうひと踏ん張りすることで、ＬｏＥ、つまり自信を高めることができます。

自信と能力はセットで高める

さて、ここでちょっと思い出してほしいのですが、本章で紹介した魔法は、「史上最高に幸運になれる魔法」であり、セルフトークの目的とは、「幸運状態にロックオンすること」でしたよね。

ということは、幸運とは、「ＬｏＥの高い自信のある状態のこと」だといえます。本章の冒頭で幸運の正体について言及したときにも、「幸運とは『イケイケでハッピーだぜ』という、気分のいい状態のこと」とお伝えしたことからも、これは間違いのない結論になります。

しかし、ここで、よくよく気をつけてほしいことがあります。

実は、**ＬｏＥが高く自信があり幸運なイケイケ状態だからといって、あなたの「能力」が高いとは限らない**のです。

「幸運」と「能力」は別物であり、「エフィカシーや自信」と「能力」も別物なのです。

「えっ、どういうこと？　それのなにがアカンの？」と思いましたか？　それでは、ちょっと、想像してみてください。あなたのまわりに次のような人はいませんか？

・たいして仕事ができないのに態度だけは大きい人
・本人は自信満々だが、正直たいしたことがなく、まわりが苦笑いしている人
・「やればできる」が口癖で、実際にあまり行動しない人

「あ――……、○○さんみたいな人ね」「おる、おる、そういう人！」と声が聞こえてきそうです。例に挙げたような人は、**ＬｏＥは高いものの、能力が伴っていない状態**です。自信がある状態なので、**本人の幸せ度は高いはずですが、まわりには貢献していないので、その幸せは本人だけのものにとどまりがち**です。なんなら、まわりからは「迷惑」「あの人、好きじゃない」くらいに思われている可能性もあります。

また、得体の知れない自己啓発セミナーや不思議な集まりなどに足しげく通う人のなかにも、このタイプの人が散見されます。本人はやる気十分、幸せ度も高そうに見えますが、

一体なにをしているのか、なにが目的なのか、まわりからは首を傾げられていることも少なくありません。
これでは、なんだかちょっと残念ですよね。

どれだけエフィカシーのレベルが高くても、スキルを高める努力や行動をしなければ、実力は上がっていきません。エフィカシーだけを高めてもあまり意味がないのです。
先に紹介した、インスタライブでイチローさんがいいたかったことも、このようなことだったのではないかと、とよかわは理解しています。自信満々になったからといって野球がうまくなるわけではありません。そう、練習をしないと野球はうまくならないのです。

逆に、能力は高いのにＬｏＥがやたらと低い不思議な人もいます。例えば、もの凄く歌がうまいのに、本人は本気で「そんなことない、全然下手だよ」といっているケースなどがわかりやすいでしょう。他にも、とても仕事のできる人なのに謙虚を通り越して卑屈なくらいに自信のなさそうな人もたまにいます。いってみれば、「もったいない」人たちです。

その人たちは、先の例と真逆で、能力は高いもののＬｏＥが伴っていない状態です。ＬｏＥが高くないので、本人は自分を「幸運」とは思っていないでしょう。能力は高いのでまわりに迷惑はかけていないかもしれませんが、**ＬｏＥの低さは行動の足を引っ張る**ので、広くまわりに貢献するのは難しいはずです。よって、本人はもちろん、まわりのこともあまり幸せにできてはいないでしょう。

つまり、**エフィカシーを上げることだけに躍起になるのではなく、能力を上げることも大事にしてほしい**のです。**エフィカシーと能力をセットにして上げていくことでこそ、真の「幸運」が実現**します。

とよかわの生徒さんにも、エフィカシーと能力の両方を高めて最高の幸運を手に入れた男性がいます。

もともとは「モチベーションが上がらない」という相談だったのですが、「ええ1日になるで」のセルフトークを使っているうちに、転職したい会社が見つかりました。

その男性は話すのが苦手で人とのコミュニケーションに苦労していたのですが、落ち着いて話す練習を繰り返したり、面接対策や課題の対応などもしっかり取り組んだりと努力を重ねた結果、自信を取り戻し、しかも、行きたかった会社の内定も手に入れたのです。**エフィカシーを高めただけでなく、きちんと努力と行動をしたからこそ、最高の幸運が手に入った好例**です。

トカゲの幸せと人間の幸せ

ここまで読んで、「うーん、でも、頑張るのはちょっと面倒くさいな。なんかこう、ラッキーだけ降ってきたらええって感じなんやけどな」と心のなかでこっそり思った人も、きっといますよね。

わかりますよ。とよかわにも、そういう気分のときがあります。

「面倒くさい」「なにもしたくない」「行動したくない」のは、決して悪いことではありません。なぜなら、このような心理は人間の本能にもとづいているからです。

行動を起こしたり、努力したりするのは、生き物にとってはリスクでしかありません。疲れるし、失敗したらダメージをくらうからです。

生命維持の観点からいうと、頑張ったりチャレンジしたりするのはリスクのある行為なのです。だから、人は本能的に「やらない理由」を考えたり、気を逸らしたりします。ひとことでいうと、「うまいことといいわけして逃げる」わけですね。

これを、**「クリエイティブ・アボイダンス」**といいます。クリエイティブは「創造」、アボイダンスは「回避」の意味で、頭文字を取って「CA」と呼びます。

勉強しなければいけないのに掃除をはじめてしまったり、本や漫画を読みはじめたり、スマホでSNSを見続けたりしてしまうのが、CAのわかりやすい例です。勉強を頑張るのは疲れることであり、おなかのすくことであり、日頃サボっていたダメな自分に向き合う精神的ダメージの大きい行為でもあり、そのすべてをひっくるめて本能が「リスク」と判断するのです。

だから、勉強以外の作業に脳のスポットライトを当てて、勉強しなくてはいけない事実に対してカルピスの濃度を下げるわけです。1リットルに1滴くらいのカルピス液しか入っていないような状態にして、「別にいま勉強しなくてもいいでしょ」的な気分を演出するわけです。人間の脳って凄いですよね。

しかし、人間は理性のある生き物ですから、本能的な「逃げたい」の気持ちに負けずに行動を起こすことは可能です。それにもかかわらず、まったくやる気が出ずになにも行動しない人は、いってみればトカゲモードなのです。いい、悪いの話ではなく、単に**「省エネルギー&低リスクで生命を維持する」という、トカゲとしての本能を最優先しているのです。**

なぜこのような状態になるのか？　それは、面倒くささを乗り越えてでも叶えたい夢や、実現したい目標や目的がなかったり、あるいは、体が疲れ過ぎていて余裕がなかったりするからです。先の勉強の例でいうと、勉強する目的が明確でなかったり、いい結果を残したいと思っていなかったりするのかもしれません。また、寝不足だったり風邪気味だったりで、余裕がない状態なのかもしれません。

これはこれで、決して悪いことでも、まわりから責められるべきことでもありません。**人の数だけスポットライトと優先順位があり、人にとやかくいわれることではない**からです。

冒頭の、「ラッキーだけ降ってきたらいい」と思う人も、もしかすると、なんらかの理由でトカゲモードなのかもしれません。もちろん、それはそれで構いません。

ただし、エフィカシーだけ高くて行動しない人は、ひとつ前の項でお話しした、ＬｏＥは高いものの、能力が伴っていない状態になりやすいのは確かです。本人は幸せかもしれませんが、まわりからの評判はあまりいいものにはなりません。ちょっとだけ厳しめにいわせてもらうと、**幸せなのは自分だけで、まわりはそうではないかもしれない**のです。


一方、ＣＡの本能に負けず、リスクを負って行動したり挑戦したりする人は、トカゲではなく人間モードの状態だといえます。それができるのは、体のコンディションもよく、夢や目標があるからであり、**「人間としての幸せ」を追求して生きている**からです。

もちろん勇気も頑張りも必要であり、楽ではないでしょう。トカゲモードでいるよりもストレスは多く、そのストレスは大きくもなるはずです。しかし、その**ストレスも、自分のやりたいこと、やるべきことがはっきりわかっていれば、成長のための「課題」「タスク」に変わります。**

未来に期待していれば、ストレスに翻弄されるのではなく、自分のコントロールの範囲内に存在するものとして前向きに立ち向かうことができるのです。

トカゲモードとしての幸せと、人間モードとしての幸せに優劣はありません。

とよかわがいいたいのは、**「トカゲモードと人間モード、どちらの幸せも自由に選べるんですよ」**ということです。

食べて寝てのんびりする。そのような、ひとりで味わう幸せもいいですが、ともに苦労を乗り越えた仲間たちと一緒に噛みしめる幸せも、なかなかいいものですよ。

迷宮に入ったらとりあえず掃除

本章では、幸運についてお話ししてきました。

ところで、幸運や幸せといったものを目的にすることを、とよかわはあまりおすすめしていません。

「えっ、いまさら、なにをいうてはるの?」と思いましたよね? 安心してください。ちゃんと話の続きがありますからね。

幸運や幸せといったものを目的にしてほしくない理由は、目に見えず、摑みどころがないからです。また、人や状況によって変わってくる主観的なものであり、その度合いを数字で表現するのが難しいことも理由です。**客観的に捉えにくいものを追いかけても、答えはなかなか出ません。**迷宮入りしてしまうのがオチでしょう。

そのようなわけで、本書では画一的な幸せを追求する方法ではなく、**あなた自身の脳が「幸運」と判断したものにロックオンし、結果的に「あなた独自の幸運」に辿り着ける**「セルフ予言の魔法」を紹介しました。第4章でも、メンタルを強くしようと思って強くするのではなく、結果的に強くなるのが大事だとお伝えしましたよね。「豆腐をつくっていたら湯葉ができた」方式です。それは、幸運だって同じです。

目に見えない「幸運」を追い求めて、不思議な石や不思議なブレスレット、不思議な占い、不思議な教えなど、目に見えない世界に迷い込んで抜けられなくなってしまう人はたくさんいます。

そのような世界をとよかわは否定しませんし、実際、満月の夜にお月さまに向けてお財布を振っていた経験がとよかわにもあるので、気持ちはよくわかります。そして、現代の科学では説明のつかない不思議な現象が起こり得ることも知っていますし、実際に経験もしました。

しかし、目に見えない世界にのめり込むことにはデメリットがあります。とよかわも試してみましたが、苦しい現実はたいして変わりませんでした。それは、現実に立ち向かうための具体的な行動をしなくなるからだと振り返ってみて思います。

何度でもいいますが、**人生は行動なしには変わりません。ストレスを「目標を達成するための課題」にしない限り、人は動けないし、人生は変わらないし、幸運になどなれないのです。**

「とよかわさん、そろそろ終盤やからって、ちょっと手厳しいんやないの？」と不満顔になりそうな人もいるかもしれません。まぁまぁ、そういわんといてください。そのような人に、ぜひやってみてほしいことがあるんです。

まず、あなたがもっとも長く過ごす部屋で、スマホを使って自撮りをしてみてください。インカメラを使って自分で自分を撮影するわけです。

そして、「自分が目指す像にふさわしい表情と部屋になっているか」を自分に質問してみてください。

どうですか？　ちなみに、とよかわの肌感でいうと、ほぼ100パーセントの人が「とりあえず、部屋を片付けたほうがいい」と気づきます。

というのも、**目に見えないものにとらわれているときは、大抵、目の前のやるべき作業が後回しになっているんですね。**その代表格が、部屋を整えることです。

そして、片付けや掃除自体は誰にでもできる作業ですが、「これは捨てよう」「これは本棚に置こう」など、自分で考えて選択する回数が多いため、達成感を得やすく、エフィカシーはどんどん高まっていきます。そう、自信を取り戻せるのです。

断捨離、トイレ掃除、床掃除などを、運気を上げる方法として紹介している占い師やカウンセラー、スピリチュアル界隈《かいわい》の人たちは少なくありませんが、要はそういうことなのではないかと、とよかわは考えています。

幸運のその先にあるもの

そのようなわけで、**「運気とは一体なんなのか」についてとよかわも徹底的に考えてみたことがあります。そして、「自分の行動を選ぶ回数が増えること」との結論に至りました。**

「自分で選ぶ＝自分でコントロールできる」ことであり、選択肢を持つことがとても重要だと、何度もお伝えしてきました。

自分の行動を自分で選ぶ回数が増えれば人はご機嫌になり、ご機嫌でいられると余裕が生まれ、人との接し方が変わってきます。そうするとまわりからの印象が変わり、まわりからの働きかけも変わってきます。こうして人間関係が変わってくるのです。

そして、アドラーのいうように「人の悩みの9割は対人関係によるもの」ならば、人間関係がいいものになることで、人生は劇的に好転するはずです。

要するに、これが「運気がいい」とか「幸運」などなのではないでしょうか。

トカゲモードで自分だけの幸せを追求するのも悪くはありませんが、いってみればそれは最低限の幸せです。いわば、生き物としてのマナーみたいなものです。

せっかくですから、エフィカシーの高いご機嫌な状態を実現できたら、次は自分以外のまわりの人へも幸せを広げてみませんか？　それこそが、トカゲから人間への進化です。人はひとりでは生きられません。**エフィカシーを高めたあとは、能力やスキルを磨いて近くにいる誰かを喜ばせることに使えたら、人間としての幸せを手に入れられます。**

大層なことはできなくても大丈夫です。「自分、だし巻き卵つくるのうまいねん」「自分、整理整頓が得意やねん」「自分、しゃべるの得意やねん」など、ちょっとしたことでいいので、それを活かしてあなたのまわりの半径5メートル以内にいる人たちを喜ばせてみませんか？

実のところ、「かかわる人たちが、それぞれ半径5メートル以内の人たちを幸せにできるようになるのを手伝うこと」が、とよかわの目標です。

以前は、「世界の〜」とか「社会貢献が〜」など、かっこいいことを目標に掲げていたこともあったのですが、そのわりには体調もボロボロだし、人間関係もぐちゃぐちゃだしで、我ながらまったく説得力がありませんでした。

そこで、**「まわりの人間関係が整っていて、体調もよくて、自分もご機嫌でいられたら、**

半径5メートル以内の人たちに対してアンパンマンみたいに優しくできるんじゃないか」

と思い直したのです。

僕も含めた地球上のみんなが、まずは自分をご機嫌な状態にして、その次に半径5メートル以内の人たちにそれぞれ優しくしてあげることで、世界はもっと安らかで楽しい場所になると信じています。

みなさんも、**まずは自分がご機嫌でいられることを大切にしてください。**

そして、**次は、みなさんがそれぞれにできることで、半径5メートル以内の人たちをご機嫌にしてあげてください。**

それがとよかわからの本書での最後の提案であり、お願いです。

Work 「昨日のよかったこと」と「今日の楽しみなこと」

タイマーを1分にセットし、「昨日のよかったこと」を紙にふたつ書き出してみましょう。「遅刻せずに出社できた」「猫がかわいかった」「夜ご飯がおいしかった」など、なんでも結構です。

慣れてきたら、1分間で3つ、5つと数を増やしてみましょう。最終ゴールとしては、1分間で10個出せるようになるのが理想です（コピペはナシですよ！）。

このワークに取り組むと、本書で何度も登場した「スポットライト」を動かすトレーニングができます。「よかったこと」にフォーカスするのがうまくなると、それだけで幸運体質に一歩近づけます。

次に、「今日の楽しみなこと」を同じように1分間でふたつ書き出してみましょう。「〇〇さんに久しぶりに会う」「ランチ」「推しのブログ更新」など、どのようなものでも構いません。

こちらも慣れてきたら、1分間で3つ、5つと数を増やしてみましょう。書き出す場所はなんでも大丈夫ですが、お気に入りの手帳やノートなどを用意すると気分が上がって楽しく取り組めるかもしれません。

このワークは、未来（近い将来）に対して楽しみなことを選び出すトレーニングになります。「いま」→「未来」と、時間軸を横断して感情を動かす練習ができます。

最初はうまくできないかもしれません。しかし、このようなワークは「やってみる」こと自体に価値があります。書き出した内容を後から見返す必要は特にありませんが、時間が経ってから見ると笑えることが多いです。「こんなことを楽しみにしとったんや、自分、ウケる」などと、自分のなかのネタのひとつになりますので、気が向いたら見返してみてもいいかもしれません。

Work Sheet

昨日のよかったこと、
今日の楽しみなことを書き出そう！

おわりに

人生のハンドルを握るのはあなた

心理コーチの仕事をしていると、「とよかわさん、一生、ついていきます！」ばりの勢いで頼りにしてもらえることがあります。それはそれでとてもありがたいことなのですが、忘れないでほしいことがあります。

それは、「人生の主役はあなた」であることです。

とよかわの仕事は、相談してくれた人をヒーローに戻すことであって、僕自身がヒーローになることではありません。

人生という道をドライブしているのは「あなた」であって、ハンドルを握っているのも「あなた」です。ときには迷走して迷子になってしまうこともあるかもしれませんが、そのようなときには「そうや、自分、ハンドル握っとるんやった」と思い出してほしいのです。見通しは良好ですから、安心してくださいね。

そして、家に戻ったら、あなたの大事な人たちが笑顔で平和に過ごせるように、どうぞ優しく接してあげてください。

「プロローグ」でもお伝えしたように、残念ながらとよかわが育った家庭や働いてきた会社では、コントみたいな悲劇が繰り返されていました。もしかしたら、いまこの瞬間にも、同じような境遇にいる読者の人もいるかもしれません。
しかし、そのような状況にいるうちの誰かひとりでも、「自分をご機嫌にするのだ、そして、半径5メートル以内の人たちを幸せにするのだ」と目をひん剝くことができたら、その瞬間から現実は少しずつ変わっていきます。

どうしてもつらいときは、ぜひ、本書をもう1回読み直したり、とよかわのYouTubeチャンネルを覗《のぞ》いたりしてみてください。藁《わら》にもすがりたい気持ちに応える具体的なテクニックや、超簡単にできるワークをたくさん用意してお待ちしています。
それらをきっかけに、みなさんがちょっとでも自信を取り戻して、「マウント？　なにそれ、美味しいの？」状態のご機嫌モードになれることを願っています。

2025年1月

心理コーチとよかわ

心理コーチとよかわ（しんりこーちとよかわ）
手取り5万円の高卒フリーターから未経験でIT業界に入り、デジタルマーケティング業界、海外での新規事業開発などを経験する。シリコンバレーで認知科学と出会い、帰国後に起業。上場企業のDX人材育成に従事したことをきっかけにコーチング業界の道へと進む。コーチングの世界的権威に認められその伝統を受け継ぎ、コーチングにおける各種世界ライセンスを保持する。2022年に開設したYouTubeチャンネル『心理コーチとよかわ』では、主に人間関係の悩みを解決するコンテンツを配信し人気を集めている。

マウント取《と》る人《ひと》 消《け》す魔法《まほう》

2025年1月25日　初版発行

著者／心理《しんり》コーチとよかわ

発行者／山下直久

発行／株式会社KADOKAWA
〒102-8177　東京都千代田区富士見2-13-3
電話　0570-002-301（ナビダイヤル）

印刷・製本／大日本印刷株式会社

●お問い合わせ
https://www.kadokawa.co.jp/（「お問い合わせ」へお進みください）
※内容によっては、お答えできない場合があります。
※サポートは日本国内のみとさせていただきます。
※Japanese text only

定価はカバーに表示してあります。

ISBN 978-4-04-114850-1　C0095